教育部门职业教育与成人教育用书目录推荐教材
中等职业教育酒店服务与管理专业课程改革新教材

餐饮服务综合实训

CANYIN FUWU ZONGHE SHIXUN

唐学军 何 燕 主编

北京师范大学出版集团
BEIJING NORMAL UNIVERSITY PUBLISHING GROUP
北京师范大学出版社

图书在版编目(CIP)数据

餐饮服务综合实训 / 唐学军，何燕 主编. -北京:北京师范大学出版社，2016.9（2022.10 重印）
ISBN 978-7-303-15305-3

Ⅰ. ①餐… Ⅱ. ①唐…②何… Ⅲ. ①饮食业－商业服务－中等专业学校－教材 Ⅳ. ①F719.3

中国版本图书馆 CIP 数据核字(2012)第 189496 号

营销中心电话　010-58802755　58800035
编 辑 部 电 话　010-58802883
教材意见反馈　gaozhifk@bnupg.com　010-58805079

出版发行：北京师范大学出版社 www.bnup.com
北京市西城区新街口外大街 12-3 号
邮政编码：100088
印　　刷：鸿博睿特（天津）印刷科技有限公司
经　　销：全国新华书店
开　　本：787 mm×1092 mm　1/16
印　　张：6.5
字　　数：135 千字
版　　次：2016 年 9 月第 2 版
印　　次：2022 年 10 月第 5 次印刷
定　　价：17.80 元

策划编辑：姚贵平　　责任编辑：姚贵平
美术编辑：高　霞　　装帧设计：高　霞
责任校对：李　菡　　责任印制：马　洁

前言 preface

近几年，随着我国国民收入的增长和人民生活水平的提高，旅游、餐饮业得到了快速的发展，空前繁荣。

在旅游、餐饮业快速发展的过程中，旅游、餐饮企业面临着日益激烈的竞争。加之，旅游、餐饮企业经营形式的多样化、经营主体的多元化、员工就业的自主化，使得其从业人员处于流动状态。具有核心竞争力的企业必须拥有技能娴熟、善于开拓创新、富有团队意识、执行力较强、职业素养好的优秀员工。为了满足旅游、餐饮企业对优秀员工的需求，我们组织旅游、餐饮业的专家，职业教育研究专家，以及职业院校的优秀教师，按照“教学过程与生产过程对接、教材内容与职业资格标准对接、中职与高职对接”的精神，编写了《餐饮服务综合实训》《前厅服务综合实训》《客房服务综合实训》三本实训教材。

《餐饮服务综合实训》是在“旅游类专业核心课程改革研究”“中高职衔接人才培养模式研究”课题的引领下，根据旅游、餐饮行业的需要，以及学生职业生涯发展需求和中职旅游、餐饮服务类专业培养目标，结合《餐厅服务员国家职业标准》编写而成。本书以餐饮服务工作过程为主线，以餐厅服务员的职业能力为核心，以餐饮服务相关知识与技能为主要内容，组织教材内容、设计教材编写体例，既注重学习者知识的掌握，也注重学习者技能和职业素养的养成。

本书包括餐饮服务单项技能训练和综合技能训练两个模块，其中，单项技能训练包括托盘、折花、斟酒；综合技能训练包括中餐摆台、中餐服务程序、西餐摆台、西餐服务程序。本书的主要特点如下。

1. 实用性。本书针对餐饮服务岗位的实际需要，教学内容具有很强的实用性。

2. 直观性。本书针对每项技能的具体要求，以餐饮服务的真实情境为背景，各操作步骤均配有图片及操作说明，能收到直观易学的效果。

3. 创新性。本书在行文上，采取文进图的模式；在结构上，既有操作程序与操作说明，又有相关链接、温馨提示等栏目，具有较强的创新性。

4. 效果评估的客观性与全面性。本书注重学习效果的评估。书中既有对学生知识、技能的评价，又有职业素养的评价；既对学习过程进行客观、科学的评价，又对学习效果进行全面评价，有助于促进学生全面发展。

本书教学参考学时如下。

序号	学习任务	参考学时（课时）
1	托盘	8
2	餐巾折花	10
3	斟酒	10
4	中餐宴会摆台	40
5	中餐零点餐服务	25
6	西餐零点餐摆台	26
7	西餐零点餐服务	30
8	综合测试	13
合　计		162

本套实训教材是成都旅游职业教育集团各成员学校及相关企业紧密合作的成果，在编写过程中，得到了成都市教科院职成室的领导和老师的精心指导，得到了成都市西藏饭店、成都市香格里拉大酒店提供的大量行业信息和宝贵建议，也得到了成都职

业技术学院、彭州石化工业学校、成都汽车职业技术学校、成都市现代制造职业学校、成都蜀兴职业中学、成都市财贸职业高级中学等职业院校的大力协助和支持，在此一并表示衷心的感谢！具体参与编写的老师有：彭州石化工业学校梅章旭和杨杰、成都汽车职业技术学校钟果、成都市现代制造职业学校张莉、成都蜀兴职业中学杨娟、成都市财贸职业高级中学周培秋、成都职业技术学院雷琳和赵艳。

本书在编写过程中参考和引用了一些专家、学者和同行的最新成果，特在此向有关作者表示由衷的感谢。由于编写者的水平有限，书中难免存在疏漏之处，诚请各位读者指正，以便我们修订和完善。

编　者

目录

contents

实训项目一　托盘 ………………………………… 001
活动一　轻托 ………………………………… 002
活动二　重托 ………………………………… 004

实训项目二　餐巾折花 ………………………… 010
活动一　练习基本技法 ……………………… 011
活动二　练习基本花形 ……………………… 012

实训项目三　斟酒 ………………………………… 019
活动一　斟倒白酒 …………………………… 020
活动二　斟倒红葡萄酒 ……………………… 021

实训项目四　中餐宴会摆台 ······ 029
活动一　摆台 ······ 030
活动二　收台 ······ 034

实训项目五　中餐零点餐服务 ······ 043
活动一　摆台与迎宾、引座服务 ······ 044
活动二　开茶与推销菜肴、酒水服务 ······ 045
活动三　落巾与去筷套服务 ······ 047
活动四　酒水服务 ······ 048
活动五　上菜服务 ······ 049
活动六　席间服务 ······ 050
活动七　结账与送客服务 ······ 051

实训项目六　西餐零点餐摆台 ······ 056
活动一　摆台 ······ 057
活动二　收台 ······ 061

实训项目七　西餐零点餐服务 ······ 068
活动一　接受客人预订 ······ 069
活动二　餐前准备 ······ 070
活动三　对客服务 ······ 071

附录1：餐厅服务员国家职业标准 ······ 081

附录2：《情境分析》参考答案 ······ 093

实训项目一

托盘

[情境导入]

实习生小李走进某酒店的餐饮部，带着兴奋的心情来到领班面前。她礼貌地问领班："领班，早上好！今天我们的练习任务是什么呢？"领班反问："你知道一名餐厅服务人员在餐前摆台准备、餐中提供菜点和酒水服务、餐后收台整理时必用的一种服务技能是什么吗？"小李思索了一会儿，肯定地回答："是托盘！"领班说："对！那今天我们就进行托盘技能训练。托盘是餐厅服务员运送物品的重要工具，也是基本服务技能之一。它主要训练服务人员的负重能力，训练比较单调，你要作好吃苦的准备。"说完，小李开始了今天的训练。

[训练目标]

目标一　掌握托盘的种类、装盘的原则。

目标二　熟练掌握托盘的操作步骤。

目标三　能规范地使用托盘进行对客服务。

[训练准备]

1. 中号圆形防滑塑胶托盘、长方形防滑塑胶托盘各1个。
2. 1.25~1.5L饮料瓶1个。

[训练内容]

活动一 轻托

操作程序与说明

序号	操作程序	图片示例	操作说明
1	理盘		将托盘洗净擦干，以避免托盘内的物品滑动。
2	装盘		1．根据物品的形状、体积、重量和使用的先后顺序合理装盘。 2．一般是重物、高物放在托盘里侧，轻物、矮物放在外侧。 3．先用的物品在外侧、在前；后用的物品在靠近身体一侧、在后。
3	起托		用右手将托盘拉出台面，右脚后退半步，微蹲。左手托住盘底中部，掌握好重心后，右手协助左手将盘托起。
4	托盘		1．左手臂自然弯曲成90°，掌心向上，五指分开稍弯曲，使掌心微呈凹形。 2．用五指指端和拇指根部“六个力点”托住盘底，控制盘面，使其保持平稳。 3．将托盘平托于胸前，略低于胸部，保持平衡，利用左手手腕灵活转向。 4．静托1瓶1.25~1.5L盛满水的饮料瓶，保持3分钟左右。

续表

序号	操作程序	图片示例	操作说明
5	托盘行走		1. 行走时要头正肩平，上身挺直，目视前方，表情自然，脚步轻快、平稳。 2. 托盘在胸前随着步伐自然摆动，但菜肴、酒水不得外溢。
6	落托		落托时，右脚向前迈一步，用右手扶住托盘边缘，待盘面与台面平行时，用双手将托盘轻轻向前推动。
7	卸盘		将托盘平稳地放到工作台上，再从外到内依次安全地取出物品并摆放整齐。

训练记录

活动二　重托

操作程序与说明

序号	操作程序	图片示例	操作说明
1	理盘		将托盘洗净擦干，以避免托盘内的物品滑动。
2	装盘		1．根据物品的形状、体积、重量和使用的先后顺序合理装盘。 2．一般是重物、高物放在托盘内侧，轻物、矮物放在托盘外侧。 3．先上桌的物品在上、在前；后上桌的物品在下、在后。
3	起托		用右手将托盘拉出台面，右脚后退半步，微蹲。左手托住盘底中部，掌握好重心后，将左手手腕逆时针旋转180°后右手协助将托盘置于左肩上。
4	托盘		**方法一：肩上托** 1．左手向上，弯屈臂肘的同时，手掌向左向后转动180°至左肩上方。手掌略高出肩2cm，五指自然分开。用五指指端和拇指及掌根部控制托盘的平衡。 2．托盘的位置以盘底不压肩、盘沿不近嘴、盘后不靠发为准。 3．右手应自然下垂摆动或扶住托盘的前、内角。

续表

序号	操作程序	图片示例	操作说明
4	托盘		**方法二：端托** 用双手将托盘端托住。
5	托盘行走		1．行走时要头正肩平，上身挺直，目视前方。 2．脚步轻快、平稳，注意力集中，托盘随着步伐移动。
6	落托		落托时，右手协助左手将托盘放回工作台。
7	卸盘		将托盘平稳地放到工作台上，再从外到内依次安全地取出物品并摆放整齐。

训练记录

[训练提示]

第一，轻托时，左手端托，右手自然下垂，行走过程中禁止用右手扶托。

第二，托盘行走时，双眼平视前方，切勿只盯托盘。托盘重量增加或减少时，应掌握好重心，保持盘面平稳。

第三，托盘行走时，路遇客人时应主动避让并保护好托盘。

第四，不可将托盘越过客人头顶，以免发生意外。

第五，用轻托方式给客人斟酒时，要随时调节托盘重心，勿使托盘翻倒。

第六，操作过程中应始终保持微笑，表情自然。

[相关知识]

一、托盘的种类及用途

第一，按照制作材料分，托盘可分为木托盘、金属托盘和胶木防滑托盘等。

第二，按照用途差异分，托盘可分为大、中、小三种规格的长方托盘和圆托盘。

长方托盘主要用于托运菜点、酒水和盘碟等较重物品。

中圆托盘主要用于摆台、斟酒、上菜、上饮料等，小圆托盘主要用于托送账单、收款、递送信件等。

二、托盘行走常用步态

（一）常步

常步即常规步伐。端托一般物品时，可用常步行走。

（二）疾步

疾步即快步。端送火候菜肴或急需物品时，应选用疾步步伐行走。

（三）碎步

碎步即小步。端送汤汁多的菜肴及重托物品时，可用碎步中速行走。

[训练检测]

一、知识检测

1. 托盘装盘时，盘内物品要摆放整齐，摆成 ________ 或 ________。

2. 装盘时一般是 ________、________ 放在托盘内侧，________、________ 放在托盘外侧。先上桌的物品在 ________、在 ________；后上桌的物品在 ________、在 ________。

3. 轻托托盘时，左手自然弯曲成 ________ 角，手掌自然形成 ________ 形。

4. 重托托盘时，要做到盘底 ________、盘前 ________、盘后 ________。

5. 端托行走时，目光应 ________，切勿只盯托盘。托盘重量增加或减少时，应掌握好 ________，保持 ________。

二、技能检测

1. 检测方法与要求

（1）依次进行理盘、装盘、托盘行走测试，根据其实际情况逐项评分。

（2）进行轻托练习，要求一次能托一瓶1.25~1.5L的饮料。

（3）进行重托练习（仅限男员工），要求能托5kg重的物品。

（4）测试时间要求：轻托每次不低于3分钟，重托不低于3分钟。

2. 技能测试评价

托盘训练测试评价表

序号	项目	评分内容	配分（分）	得分（分）
1	仪容仪表（5分）	符合岗位要求。	5	

续表

序号	项目	评分内容	配分（分）	得分（分）
2	理盘（5分）	洗净，擦干，垫好盘巾。	5	
3	装盘（5分）	物品摆放合理，符合要求，重心均衡。	5	
4	起托（30分）	左脚向前迈一步，右手将托盘拉出台面1/3。	5	
		托盘重心位于掌心处，保持盘面平衡。	5	
		左手掌呈凹形，掌心不与盘底接触。	10	
		托稳，右手放回体侧成站立姿势。	10	
5	静托（10分）	托盘平衡、不晃动，能够坚持3分钟。	10	
6	托盘行走（35分）	头正肩平，上身挺直。	5	
		步伐轻盈，稳健自如。	10	
		托盘随着步伐在胸前自然摆动。	10	
		面带微笑，表情自然，精力集中，姿态优美。	10	
7	卸盘（10分）	右脚向前迈一步，用右手协助左手把托盘小心推至工作台面。	5	
		放稳托盘，卸下所托物品。	5	
	总　分		100	

三、职业素养评价

情境分析

翻倒的酒瓶

小李经过岗前培训后，愉快地上岗了。一天餐厅客人较多，服务员们都在忙碌着，只见小李飞快地将一桌客人所点酒水放进托盘后，迅速地托送着向客人走去。突然，小李托盘中的一只酒瓶向外倾斜了，眼看就要掉下去了，说时迟那时快，小李用右手一下挡住才避免了酒瓶掉到地上，但仍倒在托盘里了。这时有几位客人用诧异的目光朝小李看了过来，小李顿觉脸上火辣辣的。

请你分析：

1. 小李托盘中的酒水翻倒了，有可能是什么原因造成的？
2. 轻托装盘的原则有哪些？

职业素养评价表

序号	项目	评分细则	配分（分）	得分（分）
1	微笑	面带微笑、精神状态好。	1	
2	着装	符合着装规范。	1	
3	服务语言	礼貌、亲切、精练。	1	
4	工作情况	细心检查，保证布件干净、完好。	1	
5	服务意识	积极主动、能吃苦耐劳。	2	
6	服务效率	整理程序清楚、快速。	2	
7	安全意识	注意检查器具、操作规范、安全意识好。	2	
	总　分		10	

实训项目 二

餐巾折花

[情境导入]

实习生小李来到餐厅，看到桌上摆放的一朵朵漂亮的餐巾花，既兴奋又惊奇，于是忍不住向身边的领班问道："领班，你能不能教我折餐巾花啊？"领班答道："好啊，只要你认真学，一定会学会的。不过要想折出漂亮的餐巾花，既要动手又要动脑。只有在练习中不断摸索才能折出漂亮、新颖的餐巾花来！"小李听罢高兴地跟着领班去学习折餐巾花了。

[训练目标]

目标一　了解餐巾及餐巾折花的种类、特点。

目标二　能熟练掌握餐巾折花的基本手法和造型。

目标三　能根据不同的餐饮形式正确地选择和运用餐巾花。

[训练准备]

1. 餐巾。
2. 托盘或大圆盘。
3. 水杯。
4. 餐盘。

[训练内容]

活动一　练习基本技法

操作程序与说明

序号	基本技法	图片示例	操作说明
1	折叠		将餐巾对折，可折成三角形、正方形、长方形等形状。
2	推折		左、右手的食指、中指、拇指配合将餐巾推折成均匀的褶皱。
3	卷		左、右手配合将餐巾卷成圆筒形。
4	翻拉		将折叠后的餐巾翻拉成形。
5	捏		用大拇指、食指、中指配合将餐巾一角捏成鸟头形。

训练记录

活动二　练习基本花形

花形示例及说明

序号	餐巾花名称	图片示例	说明
1	皇冠		该餐巾花为盘花实物造型，多用于西餐摆台，多用于主人位。
2	帆船		该餐巾花为盘花实物造型，适用于各种宴会。
3	扇面		该餐巾花为盘花实物造型，运用较广泛。
4	三角篷	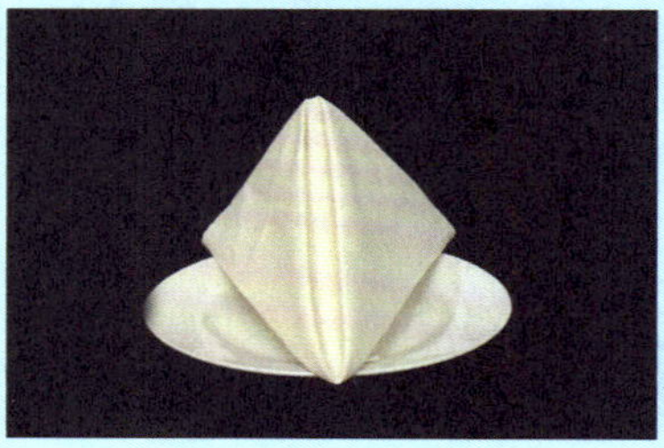	该餐巾花为盘花实物造型，多用于西餐摆台。

续表

序号	餐巾花名称	图片示例	说明
5	和服	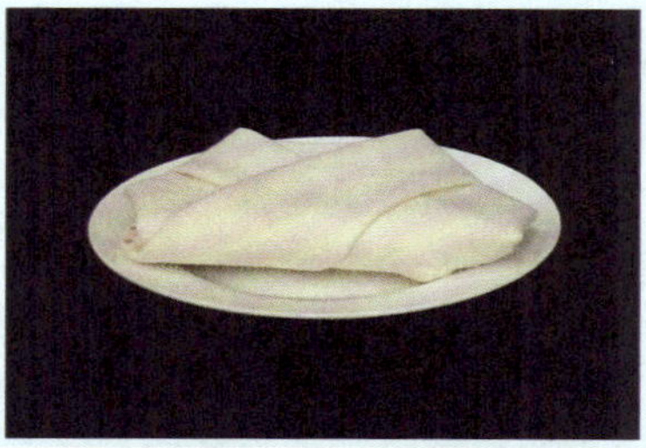	该餐巾花为盘花实物造型，能使餐台摆放更具特色。
6	信封	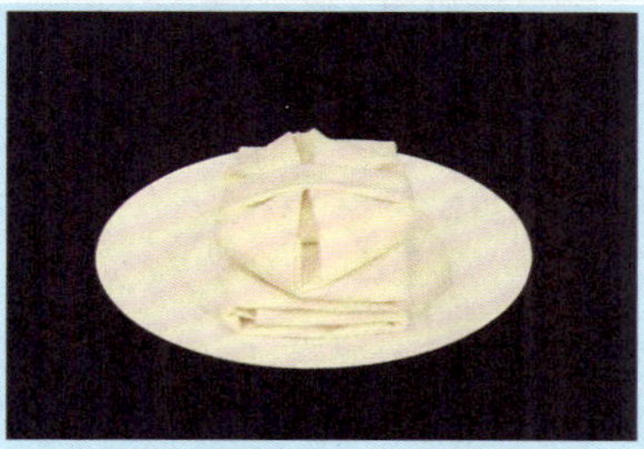	该餐巾花为盘花实物造型，可增加餐桌情趣。
7	单叶荷花		该餐巾花为杯花造型，多用于大型中餐宴会摆台。
8	一叶花		该餐巾花为杯花造型，多用于主人位，要求高大、挺拔。
9	三尾鸟		该餐巾花为杯花动物造型，能使餐桌更为生动、活泼。
10	幼鸭		该餐巾花为杯花动物造型，能使餐桌更加富有情趣。

训练记录

[训练提示]

第一，餐巾折花时，要做到一次成形，避免反复，以免在餐巾上留下褶痕，影响餐巾的美观。

第二，餐巾折花应在干净的托盘背面或大圆盘中进行。

第三，操作前要洗手、消毒。

第四，操作时不允许用嘴叼、口咬。

第五，放花入杯时，要注意卫生，手指不能接触杯口，杯身不能留有指纹。

[相关知识]

一、餐巾

餐巾，又称口布，英文“Napkin”，是客人用餐时的保洁方巾。其绚丽的色彩、逼真的造型，有标志宾、主席位，美化席面，烘托气氛的作用。

二、餐巾的种类及特点

棉质餐巾：吸水性强、触感好、色彩丰富，但易褪色、不够挺括，必须熨烫。

维萨餐巾：挺括、较易折花形、洗涤方便，但吸水性差。

纸质餐巾：一次性使用，易造成环境污染和浪费。

化纤餐巾：价格适中，但吸水性差。

三、餐巾花的种类及特点

（一）按造型外观分类

1. 动物类造型

包括鱼、虫、鸟、兽造型，如仙鹤、金鱼、蝴蝶等，取其特征、形态逼真、生动活泼。

2. 植物类造型

包括各种花草和果实造型，如一叶花、寿桃、荷花、马蹄莲等。其造型美观、变化多样。

3. 其他类造型

包括模仿自然界和日常生活中的各种形态的实物造型，如扇面、皇冠、帆船、三角篷等。

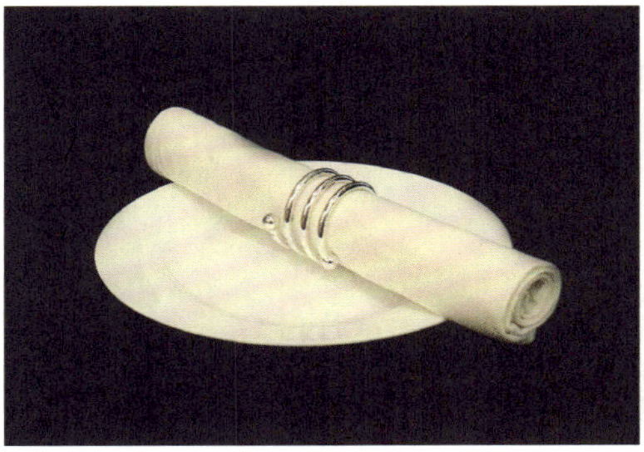

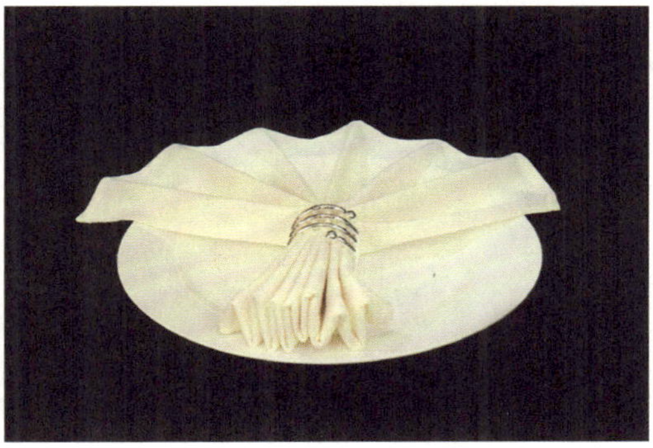

（二）按折叠方法与放置用具的不同分类

1. 杯花

其特点是立体感强、造型别致多样。此类花形是将折好的餐巾插入饮料杯或葡萄酒杯中，但因不宜提前折叠储存，从杯中取出后即散形，且折叠程序复杂，已日渐少用。

2. 盘花

其特点是造型简洁明快、美观大方。此类花形是将折叠好的餐巾花直接放在餐盘中或台面上，可以提前折叠，便于储存，操作方便，服务简单，餐巾折痕较少，目前广泛用于中、西餐厅中。

3. 环花

其特点是传统、简洁和雅致。此类花形是将餐巾平整卷好或折叠成所需造型后套在餐巾环内，也可用色彩鲜明、对比感强的丝带或丝穗带系好，然后放置在装饰盘或餐盘上。环花通常是创意餐台设计中必不可少的餐巾花形。

[训练检测]

一、知识检测

（一）填空题

1. 餐巾花按造型外观可分为__________、__________、__________。
2. 餐巾花按折叠方法与放置用具的不同可分为__________、__________、__________。
3. 盘花的特点是__________、__________。
4. 环花的特点是__________、__________、__________。
5. 餐巾有标志宾、主席位、__________、__________的作用。

（二）简答题

餐巾折花的注意事项有哪些？

二、技能测试评价

餐巾折花测试评价表

序号	项目	训练内容	配分（分）	得分（分）
1	折花地点（10分）	在托盘背面折花。	10	
2	手法（20分）	折花手法正确。	20	
3	放花方法（10分）	插入水杯或放于盘中的方法正确，讲究卫生。	10	
4	花形朝向（10分）	花形朝向正确。	10	
5	主位花（20分）	单花造型美观，主位花突出。	20	
6	报花名（20分）	折好花形并能正确报花名。	20	
7	效果（10分）	整体摆放效果协调、美观。	10	
	总　分		100	

三、职业素养评价

情境分析

三尾鸟怎么了

小李在餐厅工作已经有一周了，今天下午，轮到小李值班。第一次单独值班，小李非常用心。2号小包间今晚将有一桌家宴，为了烘托家宴的气氛，她准备将餐巾花折叠成造型美观、活泼的动物和植物类杯花。不一会儿，她便完成了折花、摆台并自己进行了检查。当她认为一切都准备妥当后才通知自己的师傅进行检查。师傅一边看台面，一边点头，但走到一个餐位前停了下来，告诉小李，三尾鸟的观赏面摆放不正确。

请根据以上案例回答：

1. 小李折的三尾鸟在摆放时可能出现了什么问题？
2. 餐巾花摆放时有何要求？

职业素养评价表

序号	项目	评分细则	配分（分）	得分（分）
1	微笑	面带微笑、精神状态好。	1	
2	着装	符合着装规范。	1	
3	服务语言	礼貌、亲切、精练。	1	
4	工作过程	细心检查器具，保证布件干净、完好。	1	
5	服务意识	积极主动、吃苦耐劳。	2	
6	服务效率	整理程序清楚、快速。	2	
7	安全意识	注意检查器具、操作规范、安全意识好。	2	
	总　分		10	

实训项目 三

斟酒

[情境导入]

实习生小李为客人点好菜后，客人要求为其斟酒。斟酒时，小李将酒水滴洒了一些在桌上。领班急忙过来，连声向客人道歉，并亲自为客人服务。看着领班娴熟的斟酒技巧，小李暗下决心，一定要好好练习，争取早日成为一名合格的服务员。

[训练目标]

目标一　掌握斟酒的步骤、要求及操作要领。

目标二　能做到操作熟练、不滴不洒、不少不溢。

目标三　形成良好的操作习惯，具备良好的服务意识。

[训练准备]

1．个人仪容、仪表准备。

2．物品准备。

（1）准备酒水。将酒瓶擦拭干净，酒水满瓶。

（2）准备杯具。将酒杯清洗擦净并在餐桌上摆好。

（3）准备其他用具。将斟酒所需的各种物品，如服务布巾、开瓶器、小碟等在备餐柜上整齐地摆放好。

[训练内容]

活动一　斟倒白酒

操作程序与说明

序号	操作程序	图片示例	操作说明
1	握瓶		左手持服务巾，背于身后，右手持酒瓶的下半部，掌根与瓶底相齐，商标朝外。
2	斟酒	  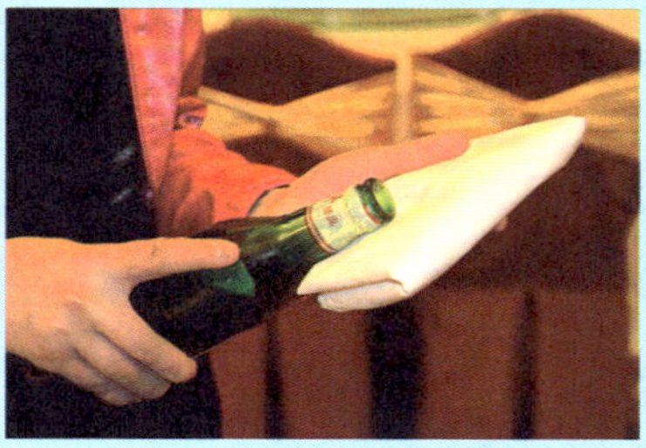	1．站位。右脚跨前呈丁字形站在两椅之间。 2．斟倒顺序。站在客人右侧，从主宾位开始，按顺时针方向依次斟倒。 3．酒标。酒瓶商标朝向客人，用右手为客人斟酒。 4．瓶杯距。斟酒时瓶口不碰杯口，相距1~2cm。 5．酒瓶旋转。酒量适度后，稍停，将瓶口抬高2~3cm，手腕带动酒瓶旋转，以免最后一滴酒水落到客人的身上或台布上。 6．擦拭瓶口。每斟倒一杯酒，就用服务布巾擦拭一次瓶口。 7．斟倒量。白酒斟倒至八成满。 8．斟倒完毕，将酒瓶放回备餐柜。

训练记录

活动二　斟倒红葡萄酒

操作程序与说明

序号	操作程序	图片示例	操作说明
1	开瓶		用开瓶刀割取下包装纸，垂直将酒钻钻进木塞，用杠杆原理将木塞拔出，再用干净的布巾擦拭瓶口，退出并检查木塞，将木塞放在小碟中。开瓶时尽量避免晃动瓶身，动作要准确、敏捷、果断。
2	包瓶		将服务布巾折成宽8cm的长条，从瓶颈处开始包裹瓶身。要求：露出商标，动作快捷。
3	握瓶		右手持酒瓶的下半部，掌根与瓶底相齐，商标朝外。

续表

序号	操作程序	图片示例	操作说明
4	斟酒		1. 站位。右脚跨前呈丁字形站在两椅之间。 2. 斟倒顺序。站在客人右侧，从主宾位开始，按顺时针方向依次斟倒。 3. 酒标。酒瓶商标朝向客人，用右手为客人斟酒。 4. 瓶杯距。斟酒时瓶口不碰杯口，相距1~2cm。 5. 酒瓶旋转。酒量适度后，稍停，将瓶口抬高2~3cm，手腕带动酒瓶旋转，以免最后一滴酒水落到客人的身上或台布上。 6. 斟倒量。红葡萄酒斟倒至五成满。 7. 斟倒完毕，将酒瓶放回备餐柜。

[训练提示]

第一，服务人员在斟酒过程中，应始终保持微笑，表情自然，仪态大方。

第二，斟酒时不妨碍客人用餐，做到不滴不洒、不少不溢。

训练记录

[相关知识]

一、中餐厅常用酒水

酒水是酒精饮料和非酒精饮料的总称。中餐厅常见的酒水主要有白酒、葡萄酒、啤酒和各种软饮料。

（一）中国白酒

1. 白酒的香型

中国的白酒因其原料和生产工艺等不同而形成了不同的香型，主要有以下5种。

（1）清香型

清香型白酒的特点是清香纯正，醇甘柔和，诸味协调，余味净爽，如山西汾酒。

（2）浓香型

浓香型白酒的特点是芳香浓郁，甘绵适口，香味协调，回味悠长，如四川泸州老窖特曲。

（3）酱香型

酱香型白酒的特点是香气幽雅，酒味绵长，杯空留香，如贵州茅台酒。

（4）米香型

米香型白酒的特点是蜜香清柔，幽雅纯净，入口绵甜，回味怡畅，如广西桂林三花酒。

（5）兼香型

兼香型白酒的特点是一酒多香，即兼有两种以上主体香型，故又被称为混香型或复香型，如贵州董酒。

2. 名酒简介

（1）茅台酒

茅台酒产于贵州省仁怀县茅台镇，是以高粱为主要原料的酱香型白酒，酒度分别为53%（v/v）、43%（v/v）、33%（v/v）。

（2）汾酒

汾酒产于山西省汾阳县杏花村酒厂，是以高粱为主要原料的清香型白酒，酒度分别为60%（v/v）、54%（v/v）、38%（v/v）。

（3）五粮液

五粮液产于四川省宜宾市，是以高粱、糯米、大米、玉米和小麦为原料的浓香型白酒，酒度分别为60%（v/v）、52%（v/v）、39%（v/v）。

（4）剑南春

剑南春产于四川省绵竹市，是以高粱、大米、糯米、玉米、小麦为原料的浓香型白酒，酒度分别为60%（v/v）、52%（v/v）、39%（v/v）。

（5）古井贡酒

古井贡酒产于安徽省亳州市，是以高粱为主要原料的浓香型白酒，酒度有60%（v/v）等多种。

（6）洋河大曲

洋河大曲产于江苏省泗阳县洋河镇，是以高粱为主要原料的浓香型白酒，酒度有60%（v/v）、55%（v/v）、38%（v/v）等多种。

（7）董酒

董酒产于贵州省遵义市，是以高粱为主要原料的兼香型白酒，酒度有58%（v/v）等多种。

（8）泸州老窖特曲

泸州老窖特曲产于四川省泸州市，是以高粱为主要原料的浓香型白酒，酒度有60%（v/v）等多种。

（二）葡萄酒

葡萄酒是用新鲜的葡萄汁发酵制成的。葡萄酒乙醇含量通常为8%（v/v）~14%（v/v）。葡萄酒是欧美人日常饮用的一种低酒精饮料，主要是用餐时与食物一起享用，因此，葡萄酒也称为佐餐酒。酿酒学家认为，影响葡萄酒质量的因素有四个：土壤、气候、葡萄品种和人。其中最为重要的是葡萄品种；其次是土壤。

葡萄酒的分类方法主要有以下几种。

1. 按酒的颜色分类

（1）红葡萄酒。

（2）白葡萄酒。

（3）玫瑰红葡萄酒。

2. 按葡萄酒的含糖量分类

（1）干型葡萄酒，酒中含糖量在0.5%以下，口感酸而不甜。

（2）半干型葡萄酒，酒中含糖量在0.5%~1.2%，口感有微弱的甜味。

（3）半甜型葡萄酒，酒中含糖量在1.2%~5%，口感较甜。

（4）甜型葡萄酒，酒中含糖量在5%以上，口感很甜。

3. 按含气状态分类

（1）静态葡萄酒（Stilled Wine）。

（2）起泡葡萄酒（Sparkling Wine）。

中餐厅中常见的葡萄酒有：长城干红葡萄酒、张裕葡萄酒等。

（三）啤酒

啤酒（Beer）是用麦芽、水、酵母和啤酒花直接发酵制成的低度酒，被人们称为“液体面包”，含有酒精、碳水化合物、维生素、蛋白质、二氧化碳和多种矿物质。啤酒营养丰富，美味可口，最为人们所喜爱。

中餐厅中常见的啤酒有中国的青岛啤酒、雪花啤酒、燕京啤酒、珠江啤酒、金威啤酒等，丹麦的嘉士伯，美国的百威，荷兰的喜力，新加坡的虎牌，墨西哥的科罗娜等。

（四）软饮料

软饮料（Soft Drink）是指酒精含量低于0.5%（v/v）的天然的或人工配制的饮料，又称清凉饮料、非酒精饮料。所含酒精限指溶解香精、香料、色素等用的乙醇溶剂或乳酸饮料生产过程中的副产物。

中餐厅常见的软饮料有茶、咖啡、牛奶、果蔬汁等。

二、部分酒水的斟倒量

白葡萄酒斟倒3/4杯，威士忌斟倒1/6杯，香槟酒斟倒3/4杯，啤酒和软饮料斟倒八成满。

[训练检测]

一、知识检测

1. 斟酒时应站在客人 ________ 侧，从 ________ 位开始，按 ________ 方向依次斟倒。

2. 白酒斟倒 ________ 成满，红葡萄酒斟倒 ________ 成满。

3. 开启红葡萄酒时应尽量避免晃动瓶身，动作应 ________、________ 、果断。

4. 中国的白酒因其原料和生产工艺等不同而形成了不同的香型，主要有清香型、浓香型、________ 、________ 和 ________ 5种。

5. 五粮液产于 ____________ ，是以高粱、________ 、大米、________ 和小麦为原料的 ________ 型白酒。

6. 酿酒学家认为，影响葡萄酒质量的因素有四个，即 ________ 、气候、________ 和人。

7. 啤酒（Beer）是用麦芽、水、酵母和啤酒花直接发酵制成的低度酒，被人们称为“________________”。

8. 软饮料又称清凉饮料、__________。

9. 一般情况下，白葡萄酒斟倒__________杯，威士忌斟倒__________杯，香槟酒斟倒3/4杯，啤酒和软饮料斟倒__________满。

二、技能检测

1. 测试方法

实践操作测试（直径1.8m的中餐圆桌一张，按10人位摆放酒杯），一次性完成十个餐位的斟倒。白酒用敞口瓶，红酒用长城干红葡萄酒750ml。

2. 测试评价

白酒斟倒测试评价表

序号	项目	评分内容	配分（分）	得分（分）
1	仪容仪表（12分）	符合岗位要求。	12	
2	准备工作（4分）	酒水满瓶、商标完整。	2	
		口布干净、整洁。	2	
3	斟倒酒水（62分）	左手持服务巾，右手拿酒瓶。	2	
		拿酒瓶的下半部。	4	
		酒标朝向客人。	4	
		从主宾位开始。	4	
		右侧斟倒。	4	
		顺时针斟倒。	4	
		酒瓶距杯口1~2cm。	4	
		白酒斟倒八成满。	16	
		不滴不洒。	16	
		擦拭瓶口。	4	

续表

序号	项目	评分内容	配分（分）	得分（分）
4	时间（12分）	2分钟，每超时5秒扣1分。	12	
5	总体印象（10分）	动作规范流畅，优雅美观。	5	
		面带微笑，表情自然。	5	
总　分			100	

红酒斟倒测试评价表

序号	项目	评分内容	配分（分）	得分（分）
1	仪容仪表（10分）	符合岗位要求。	10	
2	准备工作（3分）	酒瓶封口完好、商标完整。	1	
		酒钻、小碟摆放整齐。	1	
		口布干净、整洁。	1	
3	开瓶（4分）	瓶塞完整。	3	
		瓶塞放于小碟内。	1	
4	包瓶（3分）	口布包瓶美观、商标露出。	3	
5	斟倒酒水（58分）	左手持服务巾，右手拿酒瓶。	2	
		拿酒瓶的下半部。	2	
		酒标朝向客人。	2	
		从主宾位开始斟倒。	4	
		站在客人右侧斟倒。	4	
		顺时针斟倒。	4	
		酒瓶距杯口1~2cm。	4	
		斟倒五成满。	16	
		不滴不洒。	16	
		擦拭瓶口。	4	

续表

序号	项目	评分内容	配分（分）	得分（分）
6	时间（12分）	3分钟内完成全桌的斟倒，每超时5秒扣1分。	12	
7	总体印象（10分）	动作规范流畅，优雅美观。	5	
		面带微笑，表情自然。	5	
	总　分		100	

三、职业素养评价

情境分析

酒水洒在客人身上了

今天小李负责的服务区域来了一桌兴致勃勃的客人，虽然酒过三巡，但大家仍然意犹未尽。小李看到有两位客人的杯中酒水快喝完了，于是又一次主动拿起酒瓶准备为客人斟酒。正当小李站在客人身后，伸出右臂进行斟酒时，一位客人突然转身，结果酒水洒在了客人身上。小李急忙连声道歉："对不起！对不起！"

思考：

1. 为什么小李会将酒水洒在客人身上？
2. 为客人斟倒酒水时应注意哪些问题？

职业素养评价表

序号	项目	评分细则	配分（分）	得分（分）
1	微笑	面带微笑、精神状态好。	1	
2	着装	符合着装规范。	1	
3	服务语言	礼貌、亲切、精练。	1	
4	工作过程	细心检查器具，布件干净完好。	1	
5	服务意识	积极主动、吃苦耐劳。	2	
6	服务效率	整理程序清楚、快速。	2	
7	安全意识	操作规范、安全意识强。	2	
	总　分		10	

实训项目 四

中餐宴会摆台

[情境导入]

实习生小李在酒店中餐厅包房实习已经一周了，还未完整地摆过一次台。某天，小李实习的包房刚好有一台8人的宴会，领班要求小李与自己一道进行中餐宴会摆台。两人一起高质量地完成了摆台工作。

[训练目标]

目标一　掌握中餐宴会摆台的操作步骤、要求和要领。

目标二　养成良好的操作习惯，培养良好的服务意识。

[训练准备]

1. 个人仪容、仪表准备。

2. 物品准备。

（1）准备备餐台和桌椅。

准备好直径为180cm，高72~76cm的餐桌，直径100~110cm的转盘，桌子放置平稳；每张餐桌配8张餐椅和2个标准备餐台。

（2）整理好各种摆台物品。

每张餐桌配备圆形、直径320cm的台布1张，托盘2个，骨碟、汤碗、汤勺、红酒杯、白酒杯、水杯、牙签袋各8个，筷子10双，席面勺10个，餐巾8张，筷架10个，菜单2份，花篮1个。

[训练内容]

活动一　摆台

为了提高工作效率，培养员工的团队协作能力，餐厅通常多人配合，共同完成中餐摆台任务。下面介绍两人合作摆8人台的操作程序与操作说明。

操作程序与说明

序号	操作程序	图片示例	操作说明
1	铺台布、放转盘、放中心装饰物		1. 员工A和员工B分别站于主人位和副主人位。
			2. 铺台布。员工A将主人位餐椅拉开，放在自己的右侧，站在主人位铺台布。要求动作正确、干净利落、一次到位。铺好的台布要求正面向上，中缝凸面朝上，中缝从主人位指向副主人位，十字折线居中，表面平整，四周下垂均匀。
			3. 放转盘。竖拿轻放，转盘居中，摆放后顺时针方向试转，转盘旋转灵活。
			4. 摆放中心装饰物。站在主人位，将装饰物摆在转盘正中，主要观赏面朝向主人位。

续表

序号	操作程序	图片示例	操作说明
2	拉椅		1．两名员工分别从主人位、副主人位开始顺时针方向拉椅，每位员工拉4张餐椅。 2．拉椅时双手扶椅背两侧，右膝盖靠住椅背轻轻将餐椅拉出。 3．手法正确，拉椅时不发出声响，椅子摆正、距离均匀，椅子前沿与桌沿对齐。
3	摆放骨碟、汤碗和汤勺	 	1．清洁双手，用托盘装餐具，从主人位右侧开始，顺时针方向绕台进行摆放。 2．骨碟正对餐椅，商标朝上，距桌边1cm，骨碟之间距离匀称；汤碗摆在骨碟的左上方，上沿平齐，距骨碟1cm；汤勺放于汤碗中，勺柄向左（小勺可放于汤碗中一起摆放）。
4	摆放红酒杯、白酒杯和水杯	 	1．在骨碟纵向直径延长线上3cm处摆放红葡萄酒杯，红葡萄酒杯右侧摆放白酒杯，左侧摆放水杯。

续表

序号	操作程序	图片示例	操作说明
4	摆放红酒杯、白酒杯和水杯		2. 三杯成一直线，与骨碟纵向直径垂直，三杯杯肚之间相距1cm。
5	摆放筷架、席面勺、袋装牙签、筷子和公用餐具		1. 在骨碟右上方依次摆放筷架、席面勺、袋装牙签和筷子。
			2. 筷架与酒杯在一条直线上，勺柄与骨碟相距3cm，袋装牙签与勺末端平齐，筷尾距桌边1cm，并与骨碟纵向直径平行，正对餐椅。
			3. 在主人位和副主人位正前方的转盘上摆放公用餐具。公勺在上方，勺柄向右；公筷在下方，超出筷架5cm，距转盘边缘1cm，公筷的中点在台布中线上。
6	餐巾折花		1. 在干净的托盘背面或大圆盘内折花。 2. 折叠4种花形的盘花，突出主人位。 3. 用托盘摆放，将餐巾花观赏面朝向客人，同时报花名。

续表

序号	操作程序	图片示例	操作说明
7	摆菜单		在主人位和副主人位右侧的两个餐位中间的正下方摆放菜单。菜单正面朝上或朝前，距桌边1cm。
8	整体摆放效果图		

训练记录

活动二　收台

操作程序与说明

序号	操作程序	图片示例	操作说明
1	收餐巾		1. 员工A、员工B分别从主人位和副主人位开始，顺时针徒手收取。 2. 将餐巾拆散折叠整齐放于备餐台。
2	收酒具		1. 用托盘收取，将托盘放于转盘上；将酒具有序地摆放于托盘内。 2. 按顺时针方向收取完后托送回备餐台并摆放整齐。
3	收其他餐具		1. 用托盘收取，将餐具有序地摆放于托盘内。 2. 按顺时针方向收取完后托送回备餐台并摆放整齐。
4	收餐椅		1. 将餐椅复位。 2. 摆放整齐。

续表

序号	操作程序	图片示例	操作说明
5	收花瓶、转盘	 	1. 由处于主人位的员工操作。 2. 将中心装饰物放回主人位备餐台。
6	收台布		1. 由处于主人位的员工操作。 2. 采用“十”字法折叠台布。

训练记录

[训练提示]

第一，铺台布时将台布正面朝上打开，用双手拇指和食指分别夹住台布边沿，用双臂的力量将台布沿桌面向胸前收拢，然后贴着桌面用力向前推出，铺开。

第二，拉椅时双手扶住椅背两侧，掌心朝前，右腿膝盖辅助借力将餐椅拉离地面，不可在地面上拖拽。

第三，操作过程中要正确使用托盘。

第四，摆放餐具时从主（副主）人位开始，绕顺时针方向进行，每三步一位。

第五，服务人员在摆台过程中，要做到操作轻、快、准且规范，动作娴熟，姿态优美，台面整齐美观。

第六，操作过程中始终保持微笑，表情自然。

第七，操作过程中注意安全。

[相关知识]

一、常见宴会的种类

从不同的角度看，宴会有不同的种类。按宴会菜式划分，可分为中餐宴会、西餐宴会及其他国家宴会；按宴会性质划分，有国宴、团体宴会、聚会、喜宴、寿宴、家宴；按菜式酒类和用餐方式划分，有传统宴会、冷餐会、鸡尾酒会、自助餐宴会等。常见的宴会如下。

（一）中餐宴会

中餐宴会是中国传统的聚餐形式。宴会遵循中国的饮食习惯，以饮中国酒、吃中国菜、用中国餐具、行中国传统礼仪为主。其装饰布局、台面布置及服务无不体现中国的饮食文化特色。

（二）西餐宴会

西餐宴会是按照西方国家的礼仪习惯举办的宴会。其特点是遵循西方国家的饮食习惯，采取分食制，以西菜为主，用西式餐具，讲究菜肴与酒水的搭配。其布局、台面布置和服务等具有鲜明的西方特色。

（三）冷餐宴会

冷餐宴会的特点是不排座位，菜肴以冷食为主，可上热菜，食品分为中菜、西菜或中西菜结合。

（四）鸡尾酒会

鸡尾酒会是具有欧美传统的集会交往形式。鸡尾酒会以酒水为主，略备小吃食品。形式较自由，一般不设座位，没有主宾席，个人可随意走动，便于广泛接触交谈。

二、宴会厅布局

宴会厅布局是指饭店根据宴会主题、参加人数、接待规格、习惯禁忌、特殊要求，对宴会厅的结构、形状、面积、光线和设备等进行设计。其目的是合理利用宴会厅，突出宴会主题，体现宴会的规格标准，烘托宴会的气氛，方便客人就餐和席间服务员的服务。

（一）台形布局

1. 中餐宴会台的布局原则

中餐宴会一般坚持“中心第一、先右后左、高近低远”的原则。

（1）中心第一是指布局时要突出主桌。

（2）先右后左是国际惯例，即主人右侧席位的地位高于主人左侧席位的地位。

（3）高近、低远是指按被邀请客人的身份安排座位，身份高的离主桌近，身份低的离主桌远。

2. 主桌、主宾席区、讲台和表演台的布局原则

（1）主桌或主宾席区位于宴会厅的上首中心。

（2）根据宴会主办单位的要求及宴会的性质、规格等设置主宾席区、讲台或表演台。

3. 工作台的布局原则

主桌或主宾席区设有专用的工作台，其余各桌依照服务区域的划分酌情设立工作台。宴会厅的工作台一般采用临时搭设的方法，围桌裙，放在餐厅的四周，既方便操作，又不影响整体效果。

（二）座次安排

宴会座次安排即根据宴会的性质、主办单位或主人的特殊要求，按照出席宴会的客人身份确定其相应的座位。

1. 10人正式宴会座次安排

台面置于厅堂正面，主人位于正对门的方向，副主人与主人相对而坐。主人的右左

两侧分别安排主宾和第二宾，副主人的右左两侧分别安排第三宾和第四宾，主宾和第三宾的右侧为翻译的座位。有时，主人的左侧是第三宾、副主人的左侧是第四宾，其他座位是陪同或翻译席。

2. 婚宴、寿宴

婚宴和寿宴的座位安排，应遵循中国传统的礼仪和风俗习惯。一般原则是“高位自上而下，自右而左，男左女右”。

3. 大型中餐宴会

大型中餐宴会座位安排的重点是确定各桌的主人位。以主桌主人位为基准点，各桌主人位的确定有以下两种方法。

（1）各桌主人位置与主桌主人位置相同并朝向同一个方向。

（2）各桌主人位置与主桌主人位置遥相呼应。

[训练检测]

一、知识检测

1. 摆放骨碟时，骨碟正对餐椅，商标朝上，距桌边 ________ cm，骨碟之间距离匀称；汤碗摆在骨碟的 ________ 上方，上沿平齐，距骨碟 ________ cm；汤勺放于汤碗中，勺柄向 ________ 。

2. 宴会按菜式划分，可分为 ________ 、________ 及其他国家宴会。

3. 摆放餐具时，应从主人位右侧开始，________ 方向绕台进行摆放。

4. 中餐宴会台形布局一般采取“ ________________ ”的原则。

5. 婚宴和寿宴座次安排的一般原则是“ ________________ ”。

6. 请画出主人位的餐具摆放图。

二、技能检测

1. 测试方法与要求

中餐宴会摆台采用实践测试的方法，2人合作完成8人台的摆台操作。

2. 测试评价

中餐宴会摆台测试评价表

序号	项目	评分内容	配分（分）	得分（分）
1	仪容仪表（5分）	符合岗位要求。	5	
2	物品准备（1分）	物品清点快速、摆放整齐。	0.5	
		检查桌、椅并归位。	0.5	
3	铺台布（2分）	先拉椅再取台布。	0.5	
		在主人位操作。	0.5	
		一次铺开。	1	
4	铺台布（4分）	台布正面向上，表面平整。	1	
		中缝凸面朝上，正对主人位和副主人位。	1	
		十字折线居中，四周下垂均匀。	1	
		在主人位操作。	1	
5	放转盘（2分）	转盘居中。	1	
		顺时针方向试转、调试。	1	
6	摆中心装饰物（1分）	在主人位操作。	0.5	
		中心装饰物摆在转盘正中。	0.5	
7	拉椅（4分）	从主人位开始，顺时针方向拉椅。	1	
		拉椅方法正确。	1	
		椅子距离均匀。	1	
		椅子前沿与桌沿齐。	1	
8	摆骨碟、汤碗和汤勺（第一托）（15分）	清洁双手。	1	
		从主人位开始，顺时针方向摆放。	1	
		骨碟位置正确，距离均匀。	4	
		商标朝上。	2	
		骨碟距桌边1cm。	2	
		汤碗位置正确。	2	
		汤碗距骨碟1cm。	2	
		汤勺勺柄向左。	1	

续表

序号	项目	评分内容	配分（分）	得分（分）
9	摆酒具（第二托）（18分）	红酒杯正对骨碟。	2	
		红酒杯距骨碟3cm。	4	
		白酒杯在红酒杯右侧，相距1cm。	4	
		水杯在红酒杯右侧，相距1cm。	4	
		三种杯成一条水平直线，商标朝向客人。	4	
10	摆放筷架、席面勺、袋装牙签、筷子和公用餐具（第三托）（16分）	筷架位置正确。	2	
		席面勺勺柄距骨碟3cm。	2	
		袋装牙签与席面勺末端平齐。	2	
		筷子超出筷架5cm。	2	
		筷子距桌边1cm。	2	
		筷子与骨碟纵向直径平行。	2	
		公筷公勺位置正确。	2	
		公筷超出筷架5cm，距转盘边缘1cm。	2	
11	餐巾折花（8分）	在托盘背面折叠。	1	
		餐巾花造型美观，观赏面朝向客人。	5	
		突出主人位。	1	
		报花名。	1	
12	摆烟灰缸、菜单（4分）	烟灰缸位置正确。	1	
		单个缺口向上。	1	
		菜单位置正确，正面朝上或朝前。	1	
		菜单距桌边1cm。	1	
13	收台（5分）	收台顺序正确。	3	
		收台动作规范。	2	
14	托盘使用（10分）	正确起托、落托。	2	
		摆放餐具时托盘拉出椅背。	4	
		托盘方法正确，托盘平稳。	4	

续表

序号	项目	评分内容	配分（分）	得分（分）
15	总体印象（5分）	动作规范。	1	
		操作优雅、美观。	1	
		整体台面效果好。	3	
总　分			100	

说明：操作时间为10分钟，每超时10秒扣1分。操作过程中，掉落或打碎餐具每件扣3分，出现跑步等不规范动作每次扣2分。

三、职业素养评价

情境分析

落地的餐巾

小李已经顺利地通过酒店员工培训，今天开始跟着小王师傅在宴会厅实习。今天将会有一场婚宴在这里举行,于是小王师傅先让小李摆台。小李在摆放餐巾花时因为没有把蜡烛放平稳，起托时餐巾花落在地上了。小李左右看看，发现小王师傅正在认真打扫卫生。她就悄悄捡起餐巾花，走到主人位，准备将捡起的餐巾花摆放上去。这时，小王师父严厉喝道："住手，把这条餐巾撤回工作台送洗，重新拿一张干净的餐巾折叠成蜡烛再摆放！"原来一切尽在小王师傅眼里。

思考：

1. 小李的做法错在哪里？
2. 你从这个案例中学到些什么？

职业素养评价表

序号	项目	评分内容	配分（分）	得分（分）
1	微笑	面带微笑、精神状态好。	1	
2	着装	符合着装规范。	1	
3	服务语言	礼貌、亲切、精练。	1	
4	服务过程	细心检查器具，保证布件干净完好。	1	

续表

序号	项目	评分内容	配分（分）	得分（分）
5	服务意识	积极主动、吃苦耐劳。	2	
6	服务效率	整理程序清楚、快速。	2	
7	安全意识	注意检查安全状况、操作规范、安全意识好。	2	
总　分			10	

实训项目 五

中餐零点餐服务

[情境导入]

实习生小李今天学习的内容是中餐零点餐服务程序。在接受仪容、仪表检查后，领班告诉小李，对客服务是餐厅服务员的重要工作，要求服务员热情、周到、灵活地为客人提供优质服务。接着，小李在领班的带领下开始进行中餐零点餐服务练习。

[训练目标]

目标一　熟悉中餐零点餐服务程序。

目标二　能规范地运用中餐零点餐服务程序进行对客服务。

目标三　养成良好的职业素质和服务意识。

[训练准备]

1. 摆餐位所需餐具：餐盘、小汤碗、小汤勺、筷架、筷子、红酒杯、白酒杯、水杯。

2. 对客服务所需餐具：菜单、点菜单、结账所需现金及找补零钱、红酒、口布、餐盘、汤碗、汤勺、凉菜、热菜、汤、托盘。

[训练内容]

活动一　摆台与迎宾、引座服务

操作程序与说明

序号	操作程序	图片示例	操作说明
1	准备		在客人到来之前准备好所需餐用具。
2	摆台		在客人到来之前摆好餐台。
3	迎宾		1．站在服务岗位，礼貌迎接客人。 2．常用服务语言如下。 小李："您好！欢迎光临！请问是否有预订？" 客人："没有。" 小李："请问几位？" 客人："1位。" 小李："请进，这边请，请跟我来！"

续表

序号	操作程序	图片示例	操作说明
4	引座		1. 礼貌地引领客人入座，并协助拉椅。 2. 常用服务语言如下。 小李："请问坐这里可以吗？" 客人："可以。" 小李："请坐。"

训练记录

活动二　开茶与推销菜肴、酒水服务

操作程序与说明

序号	操作程序	图片示例	操作说明
1	开茶		1. 站在客人右后侧斟茶。 2. 常用服务语言如下。 小李："对不起，打扰一下。为您斟茶。" 客人："没关系！" 小李："请慢用。"

续表

序号	操作程序	图片示例	操作说明
2	推销菜肴、酒水		1. 热情为客人点菜、点酒水，并合理推荐。 2. 常用服务用语如下。 小李：“这是本店的菜单，请您点菜。” 客人：“今天只有我一个人，请你帮忙推荐几个特色菜吧！” 小李：“好的，凉菜中夫妻肺片是本店的特色菜，也是四川的名菜，您看是否尝一下？” 客人：“好的。” 小李：“热菜中鱼香肉丝是厨师的拿手菜，您意下如何？” 客人：“好的。” 小李：“在寒冷的冬季，我店特意推出了滋补汤，您是否需要？” 客人：“好的，那来一份吧。” 小李：“我店还有各种特色的酒水饮料，红酒美容养颜，您看是否来一瓶？” 客人：“好的，就要这些吧！” 小李：“您点的菜有夫妻肺片、鱼香肉丝、滋补汤各一份，长城干红葡萄酒一瓶，请问是否正确？” 客人：“正确。” 小李：“好的，请稍候。”

训练记录

活动三　落巾与去筷套服务

操作程序与说明

序号	操作程序	图片示例	操作说明
1	落巾		1. 站在客人右后侧操作。 2. 常用服务语言如下。 小李："对不起，打扰一下。为您铺餐巾。" 客人："好的。"
2	去筷套		1. 站在客人右后侧操作。 2. 常用服务语言如下。 小李："对不起，打扰一下。为您去筷套。" 客人："好的。"

训练记录

活动四　酒水服务

操作程序与说明

序号	操作程序	图片示例	操作说明
1	示瓶		1. 站在客人右后侧操作，酒标朝向客人，请其确认所点酒水。 2. 常用服务语言如下。 小李："小姐，这是您点的长城干红葡萄酒，您看是否正确？" 客人："正确。" 小李："现在是否可以为您开瓶？" 客人："可以。" 小李："请稍候。"
2	斟红酒		1. 站在客人右后侧斟倒五成红酒，不滴洒。 2. 常用服务语言如下。 小李："对不起，打扰一下。" 客人："没关系。" 小李："请慢用。"

训练记录

活动五　上菜服务

操作程序与说明

序号	操作程序	图片示例	操作说明
1	上菜		1. 在陪同与次要客人之间或副主人的右侧上菜，上菜后将菜盘转至主人位台前，并报菜名。 2. 常用服务语言如下。 小李："对不起，打扰一下，这是本店特色凉菜夫妻肺片，请慢用。" 小李："对不起，打扰一下，鱼香肉丝是本店厨师的拿手菜，请慢用。" 小李："对不起，打扰一下，滋补汤，请慢用。"
2	摆盘		1. 菜肴摆放位置及间距恰当，摆放时注意菜品荤素、色彩及口味搭配。 2. 当只有一位客人时，摆在靠近客人一侧。 3. 当客人较多时，应该将菜肴均匀摆放在转盘边沿上。 4. 常用服务语言如下。 小李："您的菜已上齐，请慢用！"

训练记录

活动六　席间服务

操作程序与说明

序号	操作程序	图片示例	操作说明
1	换餐盘		1. 站在客人右后侧换餐盘。 2. 常用服务语言如下。 小李："对不起，打扰一下，为您撤换餐盘。"
2	换汤碗		1. 站在客人右后侧换汤碗。 2. 常用服务语言如下。 小李："对不起，打扰一下，为您撤换汤碗。"
3	换烟缸	 	1. 采用"以一换一法"站在客人右后侧换烟缸。 2. 常用服务语言如下。 小李："对不起，打扰一下，为您撤换烟缸。"

训练记录

活动七 结账与送客服务

操作程序与说明

序号	操作程序	图片示例	操作说明
1	递送账单		1. 站在客人右后侧双手递送账单，唱收唱付。 2. 常用服务语言如下。 客人："结账。" 小李："好的，请问您是付现金还是刷卡？" 客人："付现金。" 小李："您在本店的消费是95元，收您100元，请稍候。" 小李："这是找给您的5元钱和发票，请收好。" 客人："好的。"
2	送客		1. 礼貌送别客人，并提醒客人带好随身物品。 2. 常用服务语言如下。 小李："请带好您的随身物品，欢迎下次光临。"

训练记录

[训练提示]

序号	程序	训练提示	备注
1	餐前准备	在客人到来之前做好清洁卫生，并能将桌椅按要求摆放好，清点好摆台所用的餐用具、酒具、茶具、调味品、服务用具等；按要求摆台；调节好室温和灯光。 准备餐用具：一人位零点餐所需餐用具包括：餐盘、小汤碗、小汤勺、筷架、筷子、三套杯各一个、口布一张。 对客服务所需物品包括： 菜单一份、点菜单一份、笔一支、结账所需现金及找补零钱、红酒一瓶、口布一张、撤换的餐盘一个、撤换的汤碗一个、凉菜一份、热菜一份、汤一份。	餐前准备应该根据餐别（零点餐、宴会、会议等）、档次、就餐人数准备餐用具。 餐用具必须清洗干净，检查有无破损。
2	迎宾服务	热情迎宾，掌握问候语、欢迎语、鞠躬礼；引宾入座的技巧，不同的客人安排在不同的座位。	语言、动作规范，面带微笑。
3	开茶服务	先翻杯，再斟茶，七分满。	注意茶满欺人，不要将茶水洒在客人身上。
4	推销菜肴和酒水服务	使用规范的语言、动作，按酒水、凉菜、热菜、汤的顺序热情推销菜肴和酒水，完成点菜单和酒水单的填写，并复述一遍。	点菜完毕务必要复述一遍，让客人确认，以免出错。
5	落巾	站在客人右侧为客人落巾。	可将餐巾铺在客人身上，也可压在渣盘下。
6	去筷套服务	站在客人右侧为客人去筷套。	筷子应放在筷架上。
7	酒水服务	先示瓶，再开瓶，然后再斟倒酒水，红酒五分满、白酒八分满、啤酒八分满。	开瓶前应该先示瓶，让客人确认所点酒水。
8	上菜服务	站在陪同与次要客人之间或副主人的右侧位置进行上菜服务，按凉菜、热菜、汤的顺序上菜，每上一道菜转至主人面前再介绍菜肴，并将菜肴进行合理摆放。	注意操作卫生，不要将汤汁、菜肴洒在客人身上。
9	席间服务	主要包括撤换餐盘、小汤碗和烟灰缸，续酒水。	高档宴会应该勤换渣盘、湿巾，并注意桌面摆盘合理。

续表

序号	程序	训练提示	备注
10	结账服务	正确使用结账服务的语言，询问客人的付款方式，唱收唱付，正确找零。	注意唱收、唱付，注意量音。
11	送客服务	提醒客人携带随身物品，使用礼貌用语热情送客。	应给客人留下良好的印象。

[相关知识]

文明礼貌十个字：您好、请、谢谢、对不起、再见。

鞠躬礼：行鞠躬礼时面对客人，并拢双脚，视线由对方脸上落至自己的脚前1.5m处（15°礼）或脚前1m处（30°礼）。男性双手放在身体两侧，女性双手合起放在身体前面。

[训练检测]

一、知识检测

1. 中餐零点餐服务程序包括＿＿＿＿、＿＿＿＿、＿＿＿＿、＿＿＿＿、＿＿＿＿、＿＿＿＿、＿＿＿＿、＿＿＿＿、＿＿＿＿、＿＿＿＿、＿＿＿＿。

2. 茶水一般斟倒＿＿＿＿杯，在客人＿＿＿＿侧进行服务。

3. 中餐上菜一般按照＿＿＿＿、＿＿＿＿、＿＿＿＿的顺序进行，上菜时将每道菜转至＿＿＿＿面前并介绍菜肴。

4. 席间服务内容包括＿＿＿＿、＿＿＿＿、＿＿＿＿和＿＿＿＿等。

二、技能检测

中餐零点餐服务测试评价表

序号	项目	评分内容	配分（分）	得分（分）
1	仪容仪表（5分）	符合岗位要求。	5	

续表

序号	项目	评分内容	配分（分）	得分（分）
2	准备工作（5分）	按摆台标准摆一位餐具。	2	
		折一朵杯花。	3	
3	迎宾服务（10分）	语言规范。	5	
		动作规范。	5	
4	开茶服务（5分）	斟七分满。	5	
5	推销酒水、菜肴（20分）	菜单制作。	5	
		推销酒水、菜肴语言规范。	5	
		推销酒水、菜肴动作规范。	5	
		推销酒水、菜肴程序规范。	5	
6	撤口布、筷套（10分）	撤口布、筷套语言规范。	5	
		撤口布、筷套动作符合规范。	5	
7	斟酒水（10分）	红酒示瓶语言规范。	2	
		红酒示瓶动作规范。	3	
		红酒包瓶。	2	
		斟倒红酒。	3	
8	上菜（7分）	上菜位置正确。	2	
		上菜语言规范。	3	
		合理摆放菜盘。	2	
9	撤换餐用具（8分）	撤换碟盘语言动作位置规范。	3	
		撤换小汤碗语言动作位置规范。	2	
		撤换烟缸语言动作位置规范。	3	
10	结账（5分）	结账服务语言规范。	2	
		结账服务动作规范。	3	
11	送客（5分）	送客服务语言规范。	2	
		送客服务动作规范。	3	
12	整体印象（10分）	服务语言动作优雅规范、服务效果好。	10	
	总　分		100	

三、职业素养评价

情境分析

难道我错了

今天，小李在2号包间服务一桌同学聚会的客人。席间，客人把酒言欢，小李也忙得不亦乐乎，热情地为客人上菜、斟酒、撤盘等。这些客人都是多年不见的同学，席间交谈甚欢并当着小李的面夸奖餐厅的菜肴味道好，小李的服务也好。小李听到客人的赞扬，服务更加积极。席间有两位相邻而坐的客人头碰头不停地交谈并频频干杯。小李看他们一喝完酒就立即上前斟酒并礼貌地说："对不起，打扰一下。"

客人每次都很配合小李，她一来斟酒，客人就马上让开，但连续几次刚一干杯，正要兴奋交谈时，就被前来斟酒的小李打断，客人脸上开始露出不悦的表情。小李并没有注意到客人的表情。当她再一次积极地上前为客人斟酒时，其中一位客人突然站了起来，冲着小李大声说："你看不到我们在聊天吗？我自己会倒酒！"小李一下愣住了。她心里非常委屈。我热心地为客人服务怎么就惹客人不高兴了呢？

思考：

1. 客人为什么对小李发火？
2. 这个案例对你有哪些启发？

职业素养评价表

序号	项目	评分细则	配分（分）	得分（分）
1	微笑	面带微笑、精神状态好。	1	
2	着装	符合着装规范。	1	
3	服务语言	礼貌、亲切、精练。	1	
4	服务过程	细心检查，保证布件干净完好。	1	
5	服务意识	积极主动、能吃苦耐劳。	2	
6	服务效率	整理程序清楚、快速。	2	
7	安全意识	注意检查、操作规范、安全意识强。	2	
总　分			10	

实训项目 六

西餐零点餐摆台

[情境导入]

实习生小李今天被调配到酒店西餐厅工作。因为是第一天上岗，在零点餐的餐具摆放中出现了很多差错，例如：主餐餐具放成左刀右叉，忘记摆放甜品勺和黄油刀，汤勺放在左边刀的外侧。为了避免给用餐客人带来不便，领班再次讲解西餐摆台的标准和示范操作方法。

[训练目标]

目标一　掌握西餐零点餐摆台的标准及注意事项。

目标二　掌握西餐零点餐摆台的操作方法。

目标三　培养良好的职业意识和职业习惯。

[训练准备]

1. 个人仪容仪表准备。

2. 物品准备。

（1）桌椅：120cm×120cm方桌1张，配套餐椅2把。

（2）备餐台整理

台布1张，展示盘2个，主菜刀2把，汤勺2把，主菜叉2把，甜点叉2把，甜点勺2把，面包盘2个，黄油刀2把，水杯2个，口布2张，花瓶1个，胡椒瓶1个，盐瓶1个，烟缸1个，红酒瓶1个、包瓶的口布1张，托盘1个。

[训练内容]

活动一　摆台

操作程序与说明

序号	操作程序	图片示例	操作说明
1	铺台布		1．将主人位餐椅拉开，放在自己的右侧。
			2．站在主人位采用M单方式铺台布，动作正确、干净利落、一次到位。

续表

序号	操作程序	图片示例	操作说明
1	铺台布		3．铺好的台布正面向上，中缝凸面朝上，中缝从主人位指向副主人位，十字折线居中，表面平整，四周下垂均匀。
2	拉椅		1．从主人位按顺时针方向拉开主、副主人位椅子。 2．拉椅时双手扶椅背两侧，右膝盖靠住椅背轻轻将餐椅拉出。 3．椅子摆正、距离均匀，椅子前沿与桌沿齐平。
3	摆展示盘		1．清洁双手。 2．在备餐台上将展示盘放入托盘内，或放在干净的展示盘垫上。 3．从主人位右侧开始，顺时针方向绕台进行摆放。 4．展示盘正对餐椅，放在桌布中心线上，距桌边1cm，店徽在正上方。 5．两个展示盘对正。
4	摆刀叉勺	 	1．将主菜刀叉及甜点刀叉整齐有序地装入托盘。 2．展示盘左侧放主菜叉右侧放主菜刀，主菜叉叉头朝上，主菜刀刀口朝盘。 3．主菜刀叉均与展示盘相距1cm。 4．主菜刀右侧放汤勺，距主菜刀1cm。 5．甜点勺和甜点叉横放在展示盘正上方1cm，两餐具间距均为1cm。

续表

序号	操作程序	图片示例	操作说明
5	水杯和面包盘、黄油刀		1．水杯摆放在主菜刀正上方。
			2．水杯底座直径平分甜点刀叉，面包盘直径与展示盘直径在一条直线上，距餐叉柄1cm。
6	餐巾折花		1．在干净圆盘或托盘背面折花。
			2．折叠两种盘花，突出主人位。 3．使用托盘摆放，将餐巾花观赏面朝向客人并报花名。
			4．两个盘花对正。

续表

序号	操作程序	图片示例	操作说明
7	其余物品及餐用具	 	1．站在主人位右侧餐位摆放花瓶。 2．花瓶摆在餐桌正中，左侧依次摆放胡椒瓶和盐瓶，均相距花瓶1cm，胡椒瓶和盐瓶间隔1cm，台布中心线平分胡椒瓶和盐瓶的间距。 3．花瓶右侧1cm处放烟灰缸，花瓶与烟灰缸的中轴连线在餐桌的中线上。餐用具之间的间距为接触距离。
8	一人位餐位效果图		

训练记录

活动二 收台

操作程序与说明

序号	操作程序	图片示例	操作说明
1	收口布		将主、副主人位餐巾收好，折叠整齐放于工作台上。
2	收玻璃器皿		收红酒杯。
3	收餐具		依次收刀叉勺、面包盘、展示盘、花瓶、椒盐瓶和烟灰缸。
4	收台布		站在主人位开椅，收台布。
5	餐椅归位		从主人位开始按顺时针方向依次将餐椅归位。

训练记录

[训练提示]

第一，拿放餐具时要注意卫生要求，不要直接触碰杯口、勺头、叉头等，不要用嘴叼、咬口布；摆台时将托盘拉出椅背，姿势优雅、摆放迅速、整齐美观。

第二，摆放红酒杯时注意掌握托盘重心，小心翻盘后打碎玻璃器皿。

[相关知识]

一、西餐主要国家菜式特点及代表菜

西餐这个词是由于它特定的地理位置所决定的。“西”是西方的意思，一般指欧洲各国。“餐”就是饮食菜肴。我们通常所说的西餐主要包括西欧国家的饮食菜肴。西餐的分类，按照国家不同分法式、英式、意式、俄式、德式等。按照每天用餐的不同时段，分有正餐（午餐、晚餐）、早餐、早午餐、下午茶、小点。按照制作正式与否，又有家常餐、快餐、餐厅菜式之分。

各个国家的人有着不同的饮食习惯，有种说法非常形象，说“法国人是夸奖着厨师的技艺吃，英国人注意着礼节吃，德国人喜欢痛痛快快地吃……”现在，我们就来看看不同国家西餐的主要特点。

（一）西菜之首——法式大餐

法国人一向以善于吃并精于吃而闻名，法式大餐至今仍名列世界西菜之首。法式菜肴的特点是：选料广泛（如蜗牛、鹅肝都是法式菜肴中的美味），加工精细，烹调考究，滋味有浓有淡，花色品种多。法式菜还比较讲究吃半熟或生食，如牛排、羊腿以半熟鲜

嫩为特点，海味的蚝也可生吃，烧野鸭一般六成熟即可食用等。法式菜肴重视调味，调味品种类多样，如用酒来调味，什么样的菜选用什么酒都有严格的规定，如清汤用葡萄酒、海味品用白兰地酒、甜品用各式甜酒或白兰地等。法国菜和奶酪的品种也非常多，法国人十分喜欢吃奶酪、水果和各种新鲜蔬菜。

法式菜肴的名菜有：马赛鱼羹、鹅肝酱、巴黎龙虾、红酒山鸡、沙福罗鸡、鸡肝牛排等。

（二）简洁与礼仪并重——英式西餐

英国的饮食烹饪，有家庭美肴之称。英式菜肴的特点是：油少、清淡，调味时较少用酒，调味品大都放在餐台上由客人自己选用。烹调讲究鲜嫩，口味清淡，选料注重海鲜及各式蔬菜，菜量要求少而精。英式菜肴的烹调方法多以蒸、煮、烧、熏、炸见长。

英式菜肴的名菜有：鸡丁沙拉、烤大虾苏夫力、薯烩羊肉、烤羊马鞍、冬至布丁、明治排等。

（三）西菜始祖——意式大餐

就西餐烹饪来讲，意大利是始祖，可以与法国、英国媲美。意式菜肴的特点是：原汁原味，以味浓著称。烹调以炒、煎、炸、烩等方法见长。意大利人喜爱面食，做法吃法甚多。其制作面条有独到之处，各种形状、颜色、味道的面条几十种，如字母形、贝壳形、实心面条、通心面条等。意大利人还喜食意式馄饨、意式饺子等。

意式菜肴的名菜有：通心粉素菜汤、焗馄饨、奶酪焗通心粉、肉末通心粉、比萨饼等。

（四）营养快捷——美式菜肴

美国菜是在英国菜的基础上发展起来的，继承了英式菜简单、清淡的特点，口味咸中带甜。美国人一般对辣味不感兴趣，喜欢铁扒类的菜肴，常用水果作为配料与菜肴一起烹制，如菠萝焗火腿、菜果烤鸭。喜欢吃各种新鲜蔬菜和各式水果。美国人对饮食要求并不高，只要营养、快捷。

美式菜肴的名菜有：烤火鸡、橘子烧野鸭、美式牛扒、苹果沙拉、糖酱煎饼等。

（五）西菜经典——俄式大餐

沙皇俄国时代的上层人士非常崇拜法国，贵族不仅以讲法语为荣，而且在饮食和烹饪技术方面也主要学习法国，但经过多年的演变也逐渐形成了自己的烹调特色。俄国人喜食热食，爱吃鱼肉、肉末、鸡蛋和蔬菜制成的小包子和肉饼等，各式小吃颇具盛名。

俄式菜肴口味较重，喜欢用油，制作方法较为简单。口味以酸、甜、辣、咸为主，酸黄瓜、酸白菜往往是饭店或家庭餐桌上的必备食品。烹调方法以烤、熏、腌为特色。俄式菜肴在西餐中影响较大，一些地处寒带的北欧国家和中欧南斯拉夫民族人们日常生活习惯与俄罗斯人相似，大多喜欢腌制的各种鱼肉、熏肉、香肠、火腿以及酸菜、酸黄瓜等。

俄式菜肴的名菜有：什锦冷盘、鱼子酱、酸黄瓜汤、冷苹果汤、鱼肉包子、黄油鸡卷等。

（六）啤酒、自助——德式菜肴

德国人对饮食并不讲究，喜吃水果、奶酪、香肠、酸菜、土豆等，不求浮华只求实惠营养，首先发明自助快餐。德国人喜喝啤酒，每年的慕尼黑啤酒节大约要消耗掉100万公升啤酒。

西餐有别具一格的烹调方法。常用的烹调方法有煎、焗、炸、炒、烤、烩、烘、蒸、熏、炖、煮、扒、铁扒、铁板煎等，其中铁扒、烤、焗在烹调中更具特色。许多高档产品多用铁扒、烤、铁板煎的方式烹制，如烤火鸡、铁扒牛排等。

二、西餐宴会席位安排

（一）两种坐法

第一种：在一字形的长台席位安排上，把主人和主宾安排在餐台的横向中间、主人坐在正中上方，第一主宾坐在主人的右侧，第三主宾坐在主人的左侧，副主人坐在主人对面，第二主宾坐在副主人的右侧，第四主宾坐在副主人的左侧。

第二种：在一字形的长台席位安排上，把主人和副主人安排坐在长台纵向的两端，主人坐在长台的上方，第一主宾坐在主人的右侧，第三主宾坐在主人的左侧，副主人坐在长台对应主人的下方，第二主宾坐在副主人的右侧，第四主宾坐在副主人的左侧。

（二）西餐宴会的设计与布置

西餐宴会的台形布置安排，一般采用长形桌形式，根据人数和来宾情况，可分别排成多种多样，如“T”形、“门”形、“M”形、“I”形等。总的要求是美观适用。铺台时一定要根据菜单决定所用的餐具。

[训练检测]

一、知识检测

1. 鹅肝酱是 __________ 菜肴的名菜，奶酪焗通心粉是 __________ 菜肴的名菜，烤火鸡是 __________ 菜肴的名菜，鱼子酱是 __________ 菜肴的名菜。

2. 西餐零点餐桌面为方台，台面尺寸 __________ cm，配 ____ 张配套的餐椅。

3. 简述西餐零点餐的标准摆台程序及内容。

二、技能检测

西餐零点餐摆台技能测试评价表

序号	项目	评分内容	配分（分）	得分（分）
1	仪容仪表（3分）	符合岗位要求。	3	
2	铺台布（4分）	一次铺甩成功。	1	
		正面向上。	1	
		中凸线对齐。	1	
		四周下垂均匀。	1	
3	摆展示盘（8分）	离桌边1cm。	4	
		间距均匀。	4	
4	摆刀、勺、叉（16分）	摆放顺序（刀、勺、叉）正确。	4	
		展示盘两侧刀叉位置正确。	10	
		甜点叉匙位置正确。	2	
5	摆面包盘、黄油刀（6分）	摆放顺序（盘、刀）正确。	2	
		摆放位置正确。	4	
6	摆水杯（18分）	摆放顺序正确。	4	
		位置正确。	8	
		手拿杯位置正确。	6	
7	折口布花（8分）	造型美，大小一致。	4	
		在盘中位置一致成直线。	4	
8	摆花瓶（3分）	准确压中线。	3	
9	摆椒盐瓶（5分）	胡椒瓶和盐瓶离花瓶左侧1cm。	2	
		位置准确。	3	

续表

序号	项目	评分内容	配分（分）	得分（分）
10	摆烟缸（4分）	烟缸压中线。	1	
		烟缸单个缸朝向桌心。	1	
		与花瓶右侧相距1cm。	2	
11	拉椅（4分）	拉椅动作规范。	1	
		椅间距相等。	1	
		椅桌距正确。	2	
12	斟饮料（11分）	酒标朝外，口布包瓶颈。	2	
		斟饮料顺序正确。	2	
		斟倒量控制正确。	4	
		不滴不洒。	3	
13	托盘（6分）	装盘规范。	1	
		起托规范。	0.5	
		落托规范。	0.5	
		接触托盘手势正确。	1	
		托盘平稳。	1	
		摆台时托盘拉出椅背。	2	
14	整体效果（4分）	动作规范优雅，台面效果好。	4	
	总　分		100	

说明：

操作时间。时间要求为4分钟。开始与结束时考生须举手示意，每超过1分钟从总分中扣除5分。

扣分说明。操作过程中餐具翻倒在托盘内扣该项目一半分，漏摆或多摆扣该项全分；餐具掉地则该项目0分。程序颠倒扣相关程序总分的一半。所有餐具要求在托盘内正放，倒扣餐具者扣该项目一半分。托盘抱靠在胸前者托盘分为0分。

三、职业素养评价

情境分析

哪里的1cm?

今天，餐饮部经理将小李安排到西餐厅见习。领班对小李进行了简单培训后，便让小李先把西餐台摆好，准备迎接客人。在摆放餐具时，小李突然感到有些困惑：领班在培训时告诉她，摆台时，客人餐盘与右边摆放的餐刀相距1cm，到底应该是餐刀的什么位置和餐盘相距1cm呢？另外，椒盐瓶又应该怎么摆放呢？

思考：

1. 应如何理解摆台时所要求的距离1cm?
2. 西餐摆台时刀叉摆放的基本原则有哪些?

职业素养评价表

序号	项目	评分内容	配分（分）	得分（分）
1	微笑	面带微笑、精神状态好。	1	
2	着装	符合着装规范。	1	
3	服务语言	礼貌、亲切、精练。	1	
4	服务过程	细心检查，保证布件和餐用具干净完好。	1	
5	服务意识	积极主动、能吃苦耐劳。	2	
6	服务效率	整理程序清楚、快速。	2	
7	安全意识	注意检查、操作规范、安全意识强。	2	
总　分			10	

实训项目 七

西餐零点餐服务

[情境导入]

情境一：预订

实习生小李来到西餐厅见习，第一天领班先带领她来到餐厅预订部，学习如何接受客人预订。领班告诉小李，预订分为三种，第一种是客人通过电话预订。第二种是客人亲自到餐厅预订。第三种是通过网络预订。无论是哪种预订，交流时都要语言亲切、语气和蔼。

情境二：餐前准备

第二天，领班带领小李来到餐厅，先安排她擦拭餐具、酒具，然后教她摆台，准备各种餐用具。领班提醒小李，在摆台时，尤其要注意拿取餐具的卫生，养成良好的卫生习惯。

情境三：对客服务

了解了西餐厅的摆台标准后，小李向领班请教西餐零点餐服务的程序。刚好餐厅来了一位客人准备就餐，领班立刻请小李在餐厅站好，认真观察，领班热情上前迎接并问候客人，在接待过程中，领班一直保持微笑，周到地提供服务，受到客人赞赏。

[训练目标]

目标一　了解西餐零点餐服务流程及基本服务规范。

目标二　掌握西餐零点餐服务流程并规范运用。

目标三　养成良好的专业素质，树立正确的服务意识。

[训练准备]

1. 仪容、仪表准备。

2. 物品准备。

（1）按要求摆台。

（2）准备好菜单及各种备用餐具（如干净的酒具、刀叉、烟缸等）。

[训练内容]

活动一　接受客人预订

操作程序与说明

序号	操作程序	图片示例	操作说明
1	电话预订		1. 铃响三声内接起电话，问候并自报部门名称。 2. 询问并记录对方预订的时间、人数及用餐标准或要求。 3. 询问并记录对方姓名及联系方式；告之对方餐厅最晚保留预订的时间。 4. 常用服务语言如下。 铃响三声内接起电话，“您好，××饭店西餐厅。” “请问先生/女士几位？” “请问您贵姓？” “请问您用餐时间？” “我们的订餐通常午餐保留至12:30，晚餐保留至18:30，请准时前来。”
2	当面预订		1. 热情问候客人，并请客人就座。 2. 询问客人用餐时间、人数及用餐标准或要求。 3. 为客人进行合理推荐或建议。 4. 询问客人姓名及联系方式。 5. 告之对方餐厅最晚保留预订的时间。 6. 常用服务语言如下。 “您好，欢迎光临！” “请问先生/女士几位？” “请问您贵姓？” “请问您用餐时间？” “我们的订餐通常午餐保留至12:30，晚餐保留至18:30，请准时前来。”
3	网络预订	网络预订应及时确认并通过网络回复。	

训练记录

活动二　餐前准备

操作程序与说明

序号	操作程序	图片示例	操作说明
1	班前会		1. 班前会常规。 （1）领班点名。 （2）员工进行仪容仪表检查。 其具体要求为：工装整洁，头发干净整齐，双手清洁，不留长指甲，不佩戴饰物。男员工头发前不齐眉后不盖领侧不及耳，修面干净，穿黑色皮鞋，着深色袜子。女员工短发不过肩，长发在脑后挽好，面部清洁，化淡妆，指甲修剪干净，不涂指甲油，穿黑色中跟皮鞋或布鞋，着肉色丝袜，无破损。 2. 前日工作总结及当日工作安排。 员工按标准站姿站立，面带微笑，听取工作任务和要求。 3. 领班强调操作安全。
2	餐前准备工作		1. 清洁卫生。按照领班分配的工作区域对餐厅进行清洁卫生的打扫。要求对桌椅、地面、植物等进行认真清洁。 2. 按西餐零点餐摆台要求摆台，要求美观、整洁。 3. 其他准备工作。准备好各种客用物品，如准备好方糖、奶盅、果酱、开水等；准备好各类备用餐用具，如酒具、干净的刀叉等。

训练记录

活动三　对客服务

操作程序与说明

序号	操作程序	图片示例	操作说明
1	迎宾领位		1．使用礼貌服务用语引领客人至适当餐位。 2．常用服务语言如下。 “您好，欢迎光临！” “请问您有预订吗？” “请问先生/女士几位？” “请跟我来/这边请！” “请坐！”
			1．正确为客人拉椅安排座位。 2．常用服务语言如下。 “请坐！”
2	铺餐巾		1．在客人右后侧为客人撤口布并铺放好。 2．常用服务语言如下。 “您好/对不起，打扰一下！”

续表

序号	操作程序	图片示例	操作说明
3	餐前饮品服务		1. 询问客人需要何种饮品，在客人右后侧斟倒八成满。 2. 常用服务语言如下。 “您好，我们有柠檬汁、苹果汁、橙汁，请问您需要哪种？” “好的，请稍等。” “您好/对不起，打扰一下！” “请慢用！”
4	上黄油、上面包		1. 在客人左后侧上黄油、上面包。 2. 常用服务语言如下。 “您好/对不起，打扰一下！”
5	接受客人点菜、点酒		1. 按汤、主菜、甜品的顺序为客人点菜。 2. 按西餐酒水搭配习惯接受客人点酒。 3. 常用服务语言如下。 “您好，请问现在可以为您点菜了吗？” “我们主厨今天推荐×××汤。” “请问您的牛排需要几成熟？” “请问您需要哪种葡萄酒？” “我可以为您推荐××酒吗？”
6	上汤、收汤盅、汤勺		1. 在客人右后侧上汤。 2. 常用服务语言如下。 “您好/对不起，打扰一下！”
			1. 在客人右后侧收汤盅、汤勺。 2. 常用服务语言如下。 “您好/对不起，请问可以撤走了吗？”

续表

序号	操作程序	图片示例	操作说明
7	红酒示瓶、试酒及斟倒		1. 在客人右后侧为客人示瓶。 2. 常用服务语言如下。 “您好，这是您点的××酒，请问可以开瓶了吗？” “好的，请稍等！” “您好/对不起，打扰一下！”
			1. 开瓶后为客人试酒。 2. 常用服务语言如下。 “您好/对不起，打扰一下！”
			1. 待客人试酒后，再为客人斟倒。 2. 常用服务语言如下。 “您好/对不起，打扰一下！”
8	上主菜		1. 在客人右后侧上主菜。 2. 常用服务语言如下。 “您好/对不起，打扰一下！”
9	收主菜盘及刀叉、面包盘、黄油碟、黄油刀		1. 在客人右后侧收主菜盘及主菜刀叉。

续表

序号	操作程序	图片示例	操作说明
9	收主菜盘及刀叉、面包盘、黄油碟、黄油刀		2. 常用服务语言如下。 “您好/对不起，请问可以撤走了吗？”
10	摆放好甜品叉匙		1. 将甜品叉从主菜盘正上方移至客人左侧，将甜品匙移至客人右侧。 2. 常用服务语言如下。 “您好/对不起，打扰一下！”
11	上甜品		1. 在客人右后侧为客人上甜品。 2. 常用服务语言如下。 “您好/对不起，打扰一下！”
12	巡台及更换烟缸		1. 巡台，发现客人需求，并及时提供服务。 2. 使用“以一换一法”更换烟缸。 3. 常用服务语言如下。 “您好/对不起，打扰一下！”
13	餐后酒服务		1. 从客人右后侧斟倒八成满餐后酒。 2. 常用服务语言如下。 “您好/对不起，打扰一下！”

续表

序号	操作程序	图片示例	操作说明
14	结账收银		1. 根据客人要求为客人提供现金、刷卡及签单等方式的结账服务。 2. 常用服务语言如下。 “好的，请稍等！” “您好，您一共消费××元，请问您是付现金还是刷卡？” “请您签名！” “一共收您××元，请稍等！” “这是您的发票，请收好！”
15	送客		1. 礼貌送别客人。 2. 常用服务语言如下。 “请带好随身物品，请慢走！” “欢迎下次光临！”
16	收台		按先玻璃器皿，后瓷器的原则收拾餐台。

训练记录

[训练提示]

第一，注重服务语言及语气的训练。

第二，注重操作规范，姿态优雅。

第三，注重服务过程中的操作安全。

[相关知识]

西餐厅常用服务英语如下。

1. 您好，这里是××西餐厅。

   Good morning/evening, this is××western food restaurant.

2. 您好，欢迎光临！

   Good morning/evening, welcome to our restaurant!

3. 请问坐这里可以吗？

   Will this table be all right?

4. 请问现在可以点菜了吗？

   May I take your order now?

5. 对不起，打扰一下！

   Excuse me!

6. 打扰一下，请问可以撤走了吗？

   Excuse me, may I take it away now?

7. 好的，请稍等。

   Just a moment, please.

8. 您一共消费××元。请问您是付现金还是刷卡？

   It costs××yuan RMB. Would you like to pay in cash or by credit card?

9. 请带好随身物品，请慢走！

   Please take all your goods, good-bye!

10. 欢迎下次光临！

    Expect you coming again!

[训练检测]

一、知识检测

1. 客人预订通常有 __________、__________ 和 __________。
2. 上主菜通常在客人 __________ 进行。
3. 电话预订时通常在铃响 __________ 声之内接起电话。
4. 当面预订时应向客人了解 __________、__________、__________、__________。
5. 西餐零点餐服务的上菜程序是什么？

二、技能检测

1. 测试方法与要求

（1）两名学生一组，依次扮演服务员及客人，测试教师根据学生的实际情况逐项给分。

（2）每人测试时间不超过8分钟。

2. 测试评价

西餐零点餐服务技能测试评价表

序号	项目	评分内容	配分（分）	得分（分）
1	仪容仪表（10分）	符合岗位要求。	10	
2	接受客人电话预订（4分）	接听电话动作规范。	1	
		语言规范，语气亲切、自然。	1	
		认真记录并重复预订内容。	2	
3	准备工作（6分）	按要求摆放一位西餐台。	3	
		其他相关物品准备齐全。	3	

续表

序号	项目	评分内容	配分（分）	得分（分）
4	迎宾服务（5分）	主动、礼貌问候客人。	1	
		引领客人语言规范、姿态正确。	2	
		为客人拉椅。	2	
5	铺餐巾（3分）	站位正确。	1	
		服务语言及动作规范。	2	
6	餐前饮品服务（3分）	礼貌问询。	1	
		斟酒位置正确、酒量适宜。	2	
7	上黄油、上面包（3分）	服务位置正确。	1	
		服务动作及语言规范。	2	
8	接受点菜、点酒（13分）	服务位置正确。	1	
		根据客人口味特点推荐菜品和酒水。	3	
		点菜程序正确。	3	
		点酒水程序正确。	3	
		认真作好记录、重复客人点菜内容。	3	
9	上汤（3分）	服务语言规范。	1	
		上汤位置正确、动作规范。	2	
10	收汤盅、收汤勺（3分）	服务语言规范。	1	
		收汤盅、汤勺位置正确、动作规范。	2	
11	红酒示瓶、试酒、斟倒（7分）	服务位置正确。	1	
		示瓶语言规范、动作规范。	2	
		试酒语言规范、动作规范。	2	
		正确斟倒红酒，酒量适宜。	2	
12	上主菜（3分）	服务位置正确。	1	
		服务语言及动作规范。	2	

续表

序号	项目	评分内容	配分（分）	得分（分）
13	收主菜盘、主菜刀叉（3分）	服务位置正确。	1	
		收盘语言、动作规范。	2	
14	收面包盘、黄油碟、黄油刀（3分）	服务位置正确。	1	
		服务语言正确、动作规范。	2	
15	摆放甜品叉匙（3分）	服务位置正确。	1	
		摆放时语言正确、动作规范。	2	
16	甜品服务（3分）	服务位置正确。	1	
		上甜品语言正确、动作规范。	2	
17	巡台、更换烟缸（3分）	服务位置正确。	1	
		服务语言正确、动作规范。	2	
18	餐后酒服务（3分）	服务位置正确。	1	
		服务语言规范、斟倒动作正确、酒量适宜。	2	
19	结账收银（3分）	服务位置正确。	1	
		结账语言正确、动作规范。	2	
20	送客（3分）	拉椅。	1	
		送客语言正确、动作规范。	2	
21	收台（3分）	收台顺序正确。	1	
		正确拿放餐具。	2	
22	总体印象（10分）	服务姿态优雅，有亲和力。	5	
		服务主动、服务程序正确。	5	
总　分			100	

三、职业素养评价

情境分析

我的苹果布丁呢?

小李来到西餐厅工作已有两日。今天，领班分配给小李的工作任务是独自服务两桌零点餐。正午，一位年轻的女士来到西餐厅，小李热情地迎接她并安排座位。接下来，小李递上菜单，迅速地为客人点好菜。为了不让客人久等，小李赶紧将点菜单传送至厨房制作。由于是用餐高峰时段，小李负责的另一桌客人也来了。当小李正与新来的客人交流时，那位年轻的女士突然要求小李再为她增加一个苹果布丁。小李欣然点了点头，又忙其他工作去了。小李一一为那位女士上了前菜和主菜，过了一会儿，客人突然转过来问小李：“我的苹果布丁怎么还没有来？”小李突然想起来，由于刚才隔壁桌的客人和自己交流了两句，自己根本没有将这位女士点的甜品记录下来并交给厨房，当场便红了脸，连声说：“对不起，对不起！我刚才忘记了，真不好意思！我现在马上去为您下单，好吗？”客人非常不开心地说：“算了吧，不需要了，结账吧！”

思考：

1. 案例中小李的服务哪里出了问题?
2. 如果你是小李，你会怎么做?

职业素养评价表

序号	项目	评分内容	配分（分）	得分（分）
1	微笑	面带微笑、精神状态好。	1	
2	着装	符合着装规范。	1	
3	过程语言	礼貌、亲切、精练。	1	
4	服务过程	细心检查，保证布件和餐用具干净完好。	1	
5	服务意识	积极主动、能吃苦耐劳。	2	
6	服务效率	服务程序清楚、快速。	2	
7	安全意识	注意检查、操作规范、安全意识强。	2	
	总　分		10	

附录1：餐厅服务员国家职业标准

1. 职业概况

1.1 职业名称

餐厅服务员。

1.2 职业定义

为顾客安排座位，点配菜点，进行宴会设计，装饰，布置，提供就餐服务的人员。

1.3 职业等级

本职业共设五个等级，分别为：初级（国家职业资格五级），中级（国家职业资格四级），高级（国家职业资格三级），技师（国家职业资格二级），高级技师（国家职业资格一级）。

1.4 职业环境

室内，常温。

1.5 职业能力特征

手、头脑灵活，具有迅速接收理解外界信息的能力，并具有准确的判断能力，较强的语言表达和理解能力，准确的运算能力，手、脚、肢体动作灵活，协调，视觉敏锐，能准确地完成既定操作。

1.6 基本文化程度

初中毕业。

1.7 培训要求

1.7.1 培训期限

全日制职业学校教育，根据其培养目标和教学计划确定。晋级培训期限：初级不少于400标准学时；中级不少于350标准学时；高级不少于250标准学时；技师不少于150标准学时；高级技师不少于100标准学时。

1.7.2 培训教师

培训初级或中级餐厅服务员的培训教师应具备本职业高级以上职业资格证书或本专业讲师以上专业技术职务；培训高级餐厅服务员的教师必须具备本职业技师以上职业资格证书或本专业高级讲师以上专业技术职务；培训技师的教师必须具有本职业高级技师职业资格证书或本专业高级讲师以上专业技术职务；培训高级技师的教师应具有本职业高级技师职业资格证书2年以上或具有相关专业高级专业技术职务。

1.7.3 培训场地设备

满足教学需要的标准教室。模拟教学场地布局合理，设备、设施齐全，符合国家有关安全、卫生标准。

1.8 鉴定要求

1.8.1 适用对象

从事或准备从事本职业的人员。

1.8.2 申报条件

——初级（具备以下条件之一者）

（1）经本职业初级正规培训达规定标准学时数，并取得毕（结）业证书。

（2）在本职业连续见习工作2年以上。

（3）本职业学徒期满。

——中级（具备以下条件之一者）

（1）取得本职业初级职业资格证书后，连续从事本职业工作3年以上，经本职业中级正规培训达规定标准学时数，并取得毕（结）业证书。

（2）取得本职业初级职业资格证书后，连续从事本职业工作5年以上。

（3）取得经劳动和社会保障行政部门审核认定的，以中级技能为培养目标的中等以上职业学校本职业（专业）毕业证书。

——高级（具备以下条件之一者）

（1）取得本职业中级职业资格证书后，连续从事本职业工作4年以上，经本职业高级正规培训达规定标准学时数，并取得毕（结）业证书。

（2）取得本职业中级职业资格证书后，连续从事本职业工作7年以上。

（3）取得本职业中级职业资格证书的大专以上毕业生，连续从事本职业工作2年以上。

（4）取得高级技工学校或经劳动保障行政部门审核认定的，以高级技能为培养目标的职业学校本职业（专业）毕业证书。

——技师（具备以下条件之一者）

（1）取得本职业高级职业资格证书后，连续从事本职业工作5年以上，经本职业技师正规培训达规定标准学时数，并取得毕（结）业证书。

（2）取得本职业高级职业资格证书后，连续从事本职业工作8年以上。

（3）取得本职业高级职业资格证书的高级技工学校毕业生，连续从事本职业工作满2年以上。

——高级技师（具备以下条件之一者）

（1）取得本职业技师职业资格证书后，连续从事本职业工作3年以上，经本职业高级技师正规培训达规定标准学时数，并取得毕（结）业证书。

（2）取得本职业高级职业资格证书后，连续从事本职业工作5年以上。

1.8.3 鉴定方式

分为理论知识考试（笔试）和技能操作考核。理论知识考试满分为100分，60分及以上为合格。理论知识考试合格者参加技能操作考核。技能操作考核分项打分，满分100分，60分及以上为合格。技师，高级技师考核还须进行综合评审。

1.8.4 考评人员与考生配比

理论知识考试每个标准考场30名考生配备2名监考人员；初级、中级技能操作考核每2名考生配备1名考评员；高级、技师、高级技师技能操作考核每1名考生配备1名考评员。

1.8.5 鉴定时间

理论知识考试时间为120分钟；技能操作考核初级为30分钟，中级40分钟，高级为50分钟，技师、高级技师为90分钟。

1.8.6 鉴定场所设备

理论知识考试在标准教室里进行。技能操作考核场所要求在正规的餐厅或等同于正规餐厅的模拟餐厅，桌椅、工作台等必备物品齐全，设备、设施安全，卫生符合国家规定标准。

2. 基本要求

2.1 职业道德

2.1.1 职业道德基本知识

2.1.2 职业守则

（1）热爱本职工作，忠于职守，对消费者高度负责。

（2）热忱服务，讲究服务质量，自觉钻研业务，紧跟社会发展需要，不断开拓创新。

（3）树立为人民服务的思想，顾客至上，尊师爱徒。

（4）讲文明，讲礼貌，遵守国家法律及政策法规。

2.2 基础知识

2.2.1 饮食服务卫生知识

（1）食品卫生基础知识。

（2）食物卫生质量的鉴别方法。

（3）预防食物污染，食物中毒和有关的传染病。

（4）饮食业食品卫生制度。

（5）中华人民共和国食品卫生法。

2.2.2 礼节礼貌知识

2.2.3 饮食风俗与习惯

2.2.4 服务安全知识

3. 工作要求

标准对初级、中级、高级、技师、高级技师的技能要求依次递进，高级别包括低级别的要求。

3.1 初级

职业功能	工作内容	技能要求	相关知识
一、接待服务	（一）接待	能准确、规范地使用文明礼貌用语，热情、规范地接待顾客，微笑服务。	零餐接待服务知识。
	（二）菜肴、食品介绍及服务	能耐心向顾客介绍菜肴，食品，并将顾客所选菜肴、食品清楚准确地填入菜单。	
二、餐巾折叠	（一）餐巾折叠	能运用不同的折叠技法将餐巾折叠成20种以上不同的花形，花形规范有形。	1. 餐巾折叠技艺知识。 2. 根据风俗习惯选择餐巾花形的知识。
	（二）餐巾花的选择、插放与摆设	餐巾花选择，插放、摆设要协调、艺术。	

续表

职业功能	工作内容	技能要求	相关知识
三、端托服务	（一）理盘	能按卫生要求整理托盘。达到无菌、整洁、美观、安全，方便服务的要求。	1．托盘使用知识。 2．端托服务形体训练知识。
	（二）装盘	能按规范装摆物品，码放整齐，合理，重量分布适宜。	
	（三）端托	1．托盘能端托到位。端托平稳。 2．能按所托物品选择适宜的步伐。	
四、摆台服务	（一）选择餐台	能根据客人就餐人数选择适宜的餐台。	1．摆台的基本知识及操作规范。 2．摆台卫生知识。
	（二）铺台布	能按规范铺台布。	
	（三）摆台	1．能按就餐需要及摆台规范标准，摆放餐、酒用具。 2．能做到餐台及餐、酒用具摆放规范，且符合客人要求，便于服务操作。	
五、酒水服务	（一）选酒（饮料）并开启	1．能准确、及时地向客人提供酒（饮料）单。 2．能根据酒（饮料）的种类，选用适当的方法开启酒（饮料）容器。	1．酒类基本知识。 2．饮料基本知识。 3．酒服务知识。 4．斟酒形体知识。
	（二）斟酒（饮料）	1．能准确选择斟酒（饮料）位置，采用标准姿势和正确程序为顾客斟酒（饮料）。 2．能做到斟酒（饮料）量恰当，保证斟酒（饮料）服务安全。	
六、上菜服务	（一）介绍菜品	1．能准确报出菜品名称。 2．能介绍菜品特点。 3．能介绍特殊菜品的食用方法。	一般菜肴介绍。
	（二）上菜	1．能采用正确的程序和规则。 2．能准确选择上菜位置，动作规范、准确。 3．上菜能规范摆放，保证操作安全。	1．上菜的基本程序和规则。 2．上菜的礼节。
七、撤换菜品及餐、酒用具	（一）撤换餐、酒用具	能按礼仪及卫生规范要求，正确、及时地撤换就餐餐、酒用具。	撤换菜品及餐酒用具的知识。
	（二）撤换菜肴、食品	能按进餐速度及时撤换餐台上的残菜。	
	（三）撤换餐巾、毛巾、台布	1．能根据客人用餐中餐巾、小毛巾的使用情况及时进行补充、撤换。 2．收台后能及时撤换台布。	

3.2 中级

职业功能	工作内容	技能要求	相关知识
一、接待服务	（一）接待	能主动引客入座，并热情服务。	1. 名菜、名点的特点。 2. 零点，团体菜单的编配知识。
	（二）点配菜点	1. 能主动介绍特色菜点。 2. 能按顾客需求，编配团体餐菜单。	
二、餐巾折叠	折叠餐巾	能运用不同技法，折叠30种以上餐巾花形（杯花、盘花），形象逼真。	餐巾折叠技艺。
三、摆台服务	（一）餐前准备	开餐前能做好菜单、酒水（饮料）、餐具、用具等各项准备工作。	宴会摆台知识。
	（二）中、西餐宴会餐台布局与摆设	1. 能根据宴会需要，选择适宜的餐台，合理安排宴会餐台布局及摆设。 2. 能正确安排宴会的宾主桌次与座次。	
四、酒水服务	（一）特殊酒水开启	能够运用正确方法开启特殊酒水。	1. 中国酒的分类与特点。 2. 外国酒的分类与特点。 3. 特殊酒水的开启，饮用方法。
	（二）特殊酒水服务	能够运用正确方法进行特殊酒水斟倒服务。	特殊酒水斟酒服务程序。
	（三）酒水保管	能够进行酒水日常保管及服务中的保管。	酒水日常保管方法。
五、分菜服务	（一）分菜	能够运用正确方法进行宴会分菜服务。	分菜服务的基本原则与方法。
	（二）分鱼	鱼的不同品种及烹调方法，能独立完成各式整形鱼的分让服务。	1. 整形菜拆分原则及操作规范。 2. 常见水产品的种类与服务知识。 3. 畜、禽类原材料的品种、加工与服务知识。
	（三）整（造）型菜拆分	能对整鸡、整鸭及整体造型菜肴进行拆分服务，做到手法准确，动作利落，符合卫生要求和操作规范。	

续表

职业功能	工作内容	技能要求	相关知识
六、餐、酒用具管理	(一)餐、酒用具的配备、使用	1. 能正确配用餐、酒用具。 2. 能按就餐顾客的实际需求配备相应数量的餐，酒用具。	餐具、酒具、用具的配备、使用与保管知识。
	(二)餐、酒用具的合理保管	能对使用后的餐、酒用具进行妥善保管。	

3.3 高级

职业功能	工作内容	技能要求	相关知识
一、接待服务	接待	能够运用恰当的语言艺术独立接待中外就餐宾客。	餐厅服务艺术用语。
二、摆台服务	(一)中、高档宴会餐厅布置	能独立布置宴会厅，达到规范、典雅、方便、适用的要求。	餐厅的布局、装饰与陈设知识。
	(二)中、高档中餐宴会摆台	能独立完成中、高档中餐宴会摆台操作。	中餐宴会摆台知识。
	(三)中、高档西餐宴会及甜点摆台	能独立完成中、高档西餐宴会及西餐甜点摆台操作。	1. 西餐宴会摆台知识。 2. 西餐甜点摆台知识。
	(四)中、西餐宴会餐台插花	能独立完成中、西餐宴会餐台插花。	餐台插花知识。
	(五)冷餐会、自助餐、茶话会、酒会摆台	能合理布置冷餐会、自助餐、茶话会、酒会餐厅及餐台。	冷餐会、自助餐、茶话会、酒会摆台知识。
三、宴会服务	(一)高档酒水质量鉴别与斟倒服务	1. 能运用看、嗅、品的方法对酒品进行鉴别。 2. 能进行高档酒水和鸡尾酒斟倒服务。	1. 酒品鉴别基本方法。 2. 鸡尾酒的种类与特点。
	(二)名菜、名点服务	能够进行名菜、名点服务。	1. 特殊加工制作菜肴的特点、加工方法及服务。 2. 名菜，名点的产地、特点及服务方式。

续表

职业功能	工作内容	技能要求	相关知识
三、宴会服务	（三）茶艺服务	能够根据茶的不同饮用方法进行茶艺服务。	1. 茶的种类及特点。 2. 茶艺服务基本知识。
	（四）营养配餐	能根据消费者需求拟定符合营养要求的高档宴会菜单。	1. 营养基本知识。 2. 宴会菜单的种类、作用和编制方法。
四、餐酒用具管理	高档餐、酒用具的使用、保管	能运用正确的方法使用、保管高档餐、酒用具。	高档玻璃、金银器皿等高档餐酒用具的使用与保管方法。
五、餐厅管理	（一）经营与销售	能够合理安排人力、物力，组织经营销售。	餐厅服务与管理知识。
	（二）沟通与协调	1. 能够及时将顾客的消费信息反馈给烹调师及有关人员。 2. 能够组织协调餐厅服务与其他各个环节的关系。	1. 市场预测知识。 2. 服务与消费的关系。 3. 餐厅服务与厨房制作的关系。
	（三）妥善处理问题	具有一定的应变能力，能解决顾客提出的服务问题。	公共关系基本知识。
六、培训指导	培训指导	能够对初、中级餐厅服务员进行指导。	

3.4 技师

职业功能	工作内容	技能要求	相关知识
一、宴会组织	（一）特殊宴会的组织	能完成普通宴会、高档宴会、主题宴会，素食宴会、清真宴会等不同类型宴会的食品供应，餐、酒用具的配备，人员的配备与落实等宴会组织与实施工作。	1. 宴会的组织与分工知识。 2. 餐具、酒具、用具的配备知识。

续表

职业功能	工作内容	技能要求	相关知识
一、宴会组织	（二）餐台设计与装饰	能够完成餐台台面的设计，并进行合理的装点美化。	1. 餐台台面设计知识。 2. 餐厅装饰、布置与宴会设计知识。 3. 园艺、绿化知识。
	（三）餐厅布局与装饰	能对餐厅内外设备、设施及陈设与布局进行合理设计、调整，达到美观、实用的要求，并利用花草等植物对餐厅环境进行美化。	
二、餐厅管理	（一）组织管理	根据经营销售要求，组织、指挥服务人员完成销售指标。	市场营销与导餐服务管理知识。
	（二）质量管理	1. 能适应市场发展需求，运用服务设备、设施，改善与创新服务方式，提高服务质量。 2. 能按季节，节日调整服务方式及服务供应品种。 3. 能够鉴别餐饮产品及商品的一般质量。	1. 服务质量与标准知识。 2. 食品卫生质量的鉴别方法。 3. 食品原材料知识。
	（三）成本管理	1. 能正确制定饮食产品价格。 2. 能准确计算饮食产品毛利率。 3. 能准确计算宴会成本。	饮食业成本核算知识。
	（四）设备、设施管理	能指导服务人员正确使用及保养餐厅内的设备、设施。	餐厅设施、设备的配备与管理知识。
	（五）协调管理	1. 能协调烹饪与服务的关系，开展高效益的经营与销售。 2. 能反馈消费信息。对菜肴制作提出合理化的改革与创新建议。	1. 烹饪与饮食服务的关系。 2. 消费与饮食心理需求知识。
三、公共关系	（一）妥善处理服务中的突发事件	能够及时、妥善处理服务中的突发事件。	妥善处理服务中突发事件的知识。
	（二）涉外礼仪	能运用恰当的方式接待不同国家、不同民族、不同地区的顾客。	涉外礼仪知识。
四、培训指导	（一）专业培训	能够按培养目标要求，组织实施培训。	1. 餐厅服务实施与指导。 2. 教学法常识。 3. 服务心理学知识。 4. 餐厅服务与管理。 5. 论文写作常识。
	（二）日常培训	能对所管辖员工的日常工作随时随地进行指导，讲解关键技术要领，亲自示范，言传身教。	
	（三）撰写论文	能够撰写有一定水平的论文。	

3.5 高级技师

职业功能	工作内容	技能要求	相关知识
一、餐饮服务的设计与创新	（一）餐饮服务设计	1. 能设计富有时代特色的宴会布置格局。 2. 能策划、组织中、西餐大型宴会活动及酒会、自助餐、冷餐会或各种主题的饮宴活动。 3. 能进行茶市、舞厅（卡拉OK厅）、酒吧、咖啡厅的布置与整体设计。	1. 旅游饭店管理知识。 2. 餐厅接待服务知识。 3. 宴会的组织与服务知识。 4. 餐厅的布局、装饰与陈设知识。
	（二）服务创新	能结合市场需求，开发、设计新的服务内容，以引导服务工作不断创新、发展。	国外餐饮服务发展趋势。
二、餐厅管理	（一）日常管理	1. 能合理调配餐厅人员，创造最佳劳动效益。 2. 能做好部门、人员协调工作。 3. 设置服务接待大事记，能进行宴会档案管理。	1. 档案管理常识。 2. 公共关系常识。 3. 营销基础知识。 4. 服务与消费的关系。
	（二）解决疑难问题	能够处理服务、销售中出现的各种疑难问题及突发事件。	
	（三）经营管理	1. 能够进行市场需求预测，不断修订、调整经营计划。 2. 能积极开发新市场，扩大销售量，保证完成经营利润指标。 3. 能正确运用服务与消费的关系。制定相应营销策略，成功地推动市场。	
三、培训指导	培训指导	1. 能够编制餐厅服务员培训讲义。 2. 能够撰写较高水平的论文。	教育学、心理学基本知识。
四、外语应用	外语应用	1. 具有基本的外语会话能力。 2. 能够借助工具书查阅、翻译本专业资料。	外语日常用语和基本的专业外语用语。

4. 比重表

4.1 理论知识

项目			初级(%)	中级(%)	高级(%)	技师(%)	高级技师(%)
基本要求		职业道德	15	5	5	5	5
	基础知识	饮食服务卫生知识 礼节礼貌知识 饮食习俗与习惯 服务安全知识	40	30	20	20	10
相关知识	接待服务	餐厅接待服务知识	30	30	20	—	—
		酒水、饮料服务知识	15	15	10	—	—
		餐厅装饰与布置	—	10	10	5	—
		餐、酒用具管理	—	10	5	—	—
		食品营养	—	—	10	5	5
		商品原材料知识	—	—	—	5	5
		烹饪与制作知识	—	—	5	5	5
	宴会服务	宴会的组织与服务	—	—	5	5	10
		宴会设计	—	—	—	10	10
	餐厅管理	设备设施管理	—	—	5	5	5
		成本核算	—	—	—	5	5
		公共关系与协调	—	—	5	5	5
		市场营销管理	—	—	—	5	5
		心理学知识	—	—	—	5	5
	培训指导	培训方案	—	—	—	10	5
		培训组织与实施	—	—	—	5	10
	外语应用	外语应用	—	—	—	—	10
		合　计	100	100	100	100	100

4.2 技能操作

项目			初级（%）	中级（%）	高级（%）	技师（%）	高级技师（%）
技能要求	接待服务	开餐前准备工作	5	5	5	—	—
		点配菜点	5	10	—	—	—
	餐巾折叠	餐巾花形折叠	20	15	10	10	—
	端托服务	托盘端托服务	10	10	5	—	—
	摆台服务	中西餐餐台摆设	30	20	20	15	—
	酒水服务	酒水斟倒	10	10	10	5	—
	上菜服务	上菜服务	10	—	—	—	—
	分菜服务	分菜服务	—	15	—	—	—
	撤换菜品及餐、酒用具（餐、酒用具管理）	餐间撤换菜品及餐、酒用具（餐、酒用具管理）	10	5	—	—	—
	宴会服务（宴会组织）	餐台设计与布局	—	5	15	20	30
		设备配备与管理	—	—	5	10	10
		菜单编制拟定	—	5	10	10	10
		人员组织与配备	—	—	—	—	10
		餐厅布局设计	—	—	—	10	20
		餐厅插花、绿化	—	—	20	20	20
合　计			100	100	100	100	100

附录2：《情境分析》参考答案

情境分析：翻倒的酒瓶

答案要点：1. 小李托盘中的酒水翻倒，有可能是以下两种情况。①小李装盘时未按装盘原则操作。②托盘行走时未做到平、稳、松。

2. 轻托装盘原则：高物、重物放在托盘里侧，轻物、低物放在托盘外侧。

情境分析：三尾鸟怎么了

答案要点：1. 小李在摆放三尾鸟时，可能是将它的头朝右或朝前摆放了，因而造成观赏面摆放错误。

2. 所有餐巾花在摆放时都应将观赏面朝向客人。大部分餐巾花的观赏面都为其正面，当遇到如三尾鸟、金鱼等侧面观赏的动物造型餐巾花时，应将动物的头朝向左侧摆放。

情境分析：酒水洒在客人身上了

答案要点：1. 小李虽然能主动地为客人服务，但她未在为客人斟倒酒水前示意客人，以引起客人的注意，避免此类事件的发生。

2. 斟倒酒水姿势：身体微微前倾，右脚伸入两椅之间，将右臂伸出进行斟倒 。

斟倒要领：①右手握酒瓶下半部，商标朝外展示给客人，瓶口不碰酒杯，相距1~2cm为宜。②中餐斟酒一般以八分满为宜。当斟至适度酒量时应稍停一下并向内旋转瓶身，抬起瓶口，使最后一滴酒液随着瓶身的转动均匀地分布在瓶口沿上，避免酒水滴洒在台布或者宾客身上。③控制斟倒速度，瓶内酒量越少，流速则越快，容易溢出，斟倒时应特别注意。

情境分析：落地的餐巾

答案要点：1. 小李直接将落地的餐巾再次摆放上餐桌是非常错误的做法，不讲究卫生，不为客人着想，体现了不负责任的工作态度。

2. 作为服务员，一定要处处为客人着想，不能因为怕麻烦或是因为客人不在场而违反操作规程，降低服务水准或者提供不合格的服务。

情境分析：难道我错了

答案要点：1. 因为小李“过度”积极地提供斟酒服务打扰了客人的交流，从而引起客人的不满。

2. 在对客服务中，我们应注意服务的规范化、标准化、程序化，同时要注意根据客人的实际需要，灵活地提供服务。案例中的小李，只是积极地按工作规范为客人斟酒，但并没有根据客人在交谈，不希望被打扰这一要求灵活应变。餐饮服务人员在工作中，一定要用心观察，根据实际情况及时发现客人的需求，从而提供相应的服务。

情境分析：哪里的1cm?

答案要点：1. 摆台时所说的相距1cm，通常应理解为餐具之间接触距离，即餐具边缘突出点相距1cm。

2. 西餐摆台时刀叉摆放的基本原则是左叉右刀，刀口朝盘，叉齿朝上。

情境分析：我的苹果布丁呢?

答案要点：1. ①当客人要求增加菜品时，未及时记录并将点菜单送至厨房制作。②当发现自己工作出现失误时，未找到正确的补救措施进行弥补，造成客人不满。

2. ①当有多名客人同时要求提供服务时，应该一一应允并落实，细心为每一位客人提供服务，防止出现差错，引起客人不满。②当发现工作出现失误时，应选择正确的补救措施。这个案例中，小李可以采用“缓兵之计”，以免客人感觉不被重视，损害其心理满足感。如果我是小李，可对客人说：“不好意思，我马上去厨房帮您看看。”然后立即下单（因布丁一类的甜品通常厨房会提前制作好）并迅速到厨房取出送至客人面前。作为服务员，除了工作细致外，还需要加强业务知识的学习，提高应变能力，最大限度地为客人提供满意的服务。